Obtendo Valor de Retrospectivas Ágeis

Um Kit de Ferramentas de Exercícios para Retrospectivas

Ben Linders e Luis Gonçalves

Esse livro está à venda em
http://leanpub.com/gettingvalueoutofagileretrospectives_PT-BR

Essa versão foi publicada em 2020-03-05

Leanpub

Esse é um livro Leanpub. A Leanpub dá poderes aos autores e editores a partir do processo de Publicação Lean. Publicação Lean é a ação de publicar um ebook em desenvolvimento com ferramentas leves e muitas iterações para conseguir feedbacks dos leitores, pivotar até que você tenha o livro ideal e então conseguir tração.

© 2013 - 2020 Luis Gonçalves and Ben Linders

Tweet Sobre Esse Livro!

Por favor ajude Ben Linders e Luis Gonçalves a divulgar esse livro no Twitter!

O tweet sugerido para esse livro é:

Revitalize suas retrospectivas: Obtendo Valor de Retrospectivas Ágeis por @lgoncalves1979 & @BenLinders #RetroValue

A hashtag sugerida para esse livro é #RetroValue.

Descubra o que as outras pessoas estão falando sobre esse livro clicando nesse link para buscar a hashtag no Twitter:

#RetroValue

Outras Obras Desses Autores

Livros De Luis Gonçalves

Getting Value out of Agile Retrospectives

Waardevolle Agile Retrospectives

Tirer profit des rétrospectives agiles

Ottieni il meglio dalle tue Retrospettive Agili

Obteniendo valor de las Retrospectivas ágiles

アジャイルふりかえりから価値を生み出す － 日本語版

Wartościowe Retrospekcje Agile

Αποκομίζοντας αξία από τα Agile Retrospectives

Khai thác giá trị Agile Retrospective

Jak zvýšit přínos agilních retrospektiv

Transformação digital

Livros De Ben Linders

What Drives Quality

Getting Value out of Agile Retrospectives

Waardevolle Agile Retrospectives

Tirer profit des rétrospectives agiles

Ottieni il meglio dalle tue Retrospettive Agili

Извлекаем пользу из Agile-ретроспектив

Obteniendo valor de las Retrospectivas ágiles

从敏捷回顾中收获价值

アジャイルふりかえりから価値を生み出す － 日本語版

Wartościowe Retrospekcje Agile

Continuous Improvement

Αποκομίζοντας αξία από τα Agile Retrospectives

Khai thác giá trị Agile Retrospective

Jak zvýšit přínos agilních retrospektiv

The Agile Self-assessment Game

Problem? What Problem?

Agile Manifesto Retrospectives Questions Cards

Agile Testing Coaching Cards

Agile Retrospectives Bingo

Agile Retrospective Smells Cards

Conteúdo

Apresentação

Comecei a projetar e liderar retrospectivas quase duas décadas atrás. Tenho ensinado outras pessoas a liderar retrospectivas por pelo menos uma década. Vi como a prática disciplinada de retrospectivas pode ajudar uma equipe. Vi equipes melhorarem suas práticas, aumentarem a colaboração e criarem produtos melhores. Retrospectivas podem ajudar as equipes a crescer em capacitação. Elas podem catalisar o processo de mudança para uma organização inteira.

Também ouvi histórias de retrospectivas que falharam em trazer mudanças. Às vezes, essas retrospectivas fracassadas viram uma rotina. A equipe repete as mesmas atividades vez após vez. Sua prática habitual não desperta criatividade ou novo pensamento. Outras retrospectivas falham porque não permitem tempo suficiente para uma exploração robusta.

Retrospectivas eficazes ajudam as equipes a reprimir padrões de pensamento arraigados. Elas ampliam a perspectiva de cada membro da equipe e ajudam as equipes a pensar, aprender, decidir e agir em conjunto.

Neste livro, Luis e Ben compartilham o potencial das retrospectivas. Seus conselhos vêm de conhecimentos práticos. Eles aprenderam como preparar uma organização para retrospectivas e como apresentá-las a uma organização. Eles fizeram o trabalho de ajudar as equipes a escolher e fazer melhorias incrementais sustentáveis. Eles enfrentaram as armadilhas das equipes que voltam ao pensamento habitual.

Ben e Luis oferecem orientação para ajudar você e suas equipes a tirar o melhor das suas retrospectivas. Eles reuniram atividades que ajudarão você e suas equipes a pensarem juntos e desencadearem discussões.

Neste livro de bolso, equipes e líderes de retrospectivas têm uma fonte nova e sólida para manter as retrospectivas atualizadas, focadas e cheias de aprendizado.

Esther Derby
Coautora de *Agile Retrospectives: Making Good Teams Great*
Duluth, MN
Novembro de 2013

Apresentação da Edição Brasileira

Com frequência me perguntam sobre qual prática do Scrum eu considero a mais importante entre todas. Minha resposta, surpreendente para alguns, é sempre a mesma: sem dúvida, eu não abriria mão da reunião de retrospectiva. Minha justificativa é tão simples quanto a própria resposta: através da retrospectiva eu posso chegar a qualquer uma das outras práticas propostas por qualquer framework, ou ainda perceber que elas não são úteis para o meu contexto.

Sendo um apaixonado pelo trabalho com práticas emergentes, ou seja, aquelas que emergem especificamente para o contexto vivenciado, eu vejo nas retrospectivas um ponto central para o meu trabalho. Nessas reuniões, somos capazes de refletir sobre o que verdadeiramente está acontecendo em nosso ambiente. Nela temos potencial para significarmos nossos problemas e desafios, e emergimos com algo que funcione no nosso mundo real.

Retrospectivas nos encorajam a desafiar as famosas *"best practices"* que, se são as melhores mesmo, terão que mostrar isso com resultados reais, caso contrário não sobreviverão à próxima retrospectiva e terão que dar espaço para algo melhor que emergir. Nesse aspecto, poderíamos dizer que a reunião de retrospectiva é o terror para aquelas práticas bonitas na teoria, mas que não repetem sua beleza quando colocadas em funcionamento.

Para alcançar sucesso nessas reuniões, precisamos muito das habilidades de um bom facilitador. E todo bom facilitador precisa de um ótimo conjunto de técnicas e ferramentas que o auxiliam a fazer um bom trabalho, algo que, certamente, este livro lhe ajudará a conseguir.

Ben e Luís fizeram um belo trabalho de curadoria ao reunir neste livro uma série de técnicas úteis para facilitação de retrospectivas. É um ótimo ponto de partida para se livrar de reuniões chatas e inúteis, transformando-as em eventos de alto valor, ansiosamente aguardados pelo seu time.

Alexandre Magno
Fundador da Emergee
Autor de "Tire seu projeto do papel com Scrum" e "Learning 3.0"
São Paulo
Fevereiro de 2020

Prefácio

Ambos somos blogueiros ativos em www.benlinders.com e lms-goncalves.com. Em nossos blogs nós compartilhamos nossas experiências em vários tópicos ágeis e lean incluindo retrospectivas.

Blogar é uma forma de compartilharmos conhecimento e é uma forma recompensadora. Gostamos dos comentários que recebemos em nossos blogs quando as pessoas compartilham suas experiências e amamos saber sobre como as pessoas tentam praticar as coisas sobre as quais escrevemos.

Muitos leitores nos disseram que valorizam nossas postagens. Nós começamos a pensar sobre como poderíamos fazer as coisas mais fáceis para eles, providenciando um pequeno livro sobre um tópico especifico – um livro que pudessem carregar com eles que tivesse informações na palma da mão e que pudessem usar no seu trabalho diário. Esses pensamentos nos levaram a produzir esse livro sobre retrospectivas ágeis.

Nosso alvo com esse livro são agile coaches, scrum masters, gerentes de projeto, gerentes de produto e facilitadores que tenham alguma experiência em fazer retrospectivas. Eles sabem do propósito de fazer retrospectivas, como elas se encaixam no ágil e como organizá-las e realizá-las.

Durante os anos nós conduzimos muitos tipos diferentes de retrospectivas. Nós imaginamos que é útil quando você desenvolve sua caixa de ferramentas particular com exercícios de retrospectivas. Nos demos a esse livro nosso toque pessoal incluindo nossas próprias experiências que estão marcadas com nossas iniciais (BL) ou (LG).

Nós queremos agradecer aos inúmeros revisores do nosso livro por investirem seu tempo e sugerirem melhorias: Robert Boyd,

Paul van den Broek, Jens Broos, Gerard Chiva, Iñigo Contreras, Hans Dekkers, George Dinwiddie, Stuart Donaldson, Jos Duising, Doralin Duta, Jutta Eckstein, Murrae-Ann Erfmann, Earl Everet, Gerald Fiesser, Don Gray, Linda Halko, Shane Hastie, Joy Kelsey, Gert van de Krol, Cem Kulac, Diana Larsen, Kjell Lauren, Niels Malotaux, Claus Malten, Paul Marsh, Oluf Nissen, Lawrence Nyveen, Pierre Pauvel, Kim Payne, Sylvie R., Sebastian Radics. Whitney Rogers, Cherie Silas, Hubert Smits, Lene Søndergaard Nielsen, Ram Srinivasan, Johannes Thönes, Asheesh Vashisht, Matt Verhaegh, Patrick Verheij, Dan Verweij, Robert Weidinger, e Willy Wijnands. O feedback de vocês nos ajudou a fazer deste um livro melhor.

Ficamos muito honrados em ter as apresentações por Esther Derby e Alexandre Magno. Conosco, muitos aprenderam o porquê e o como das retrospectivas do livro *Agile Retrospectives: Making Good Teams Great* que Esther escreveu juntamente com Diana Larsen. Alexandre explica em sua apresentação por que as retrospectivas são necessárias e como é importante ter uma caixa de ferramentas cheia de exercícios para retrospectivas; algo em que concordamos plenamente.

Agradecemos ao InfoQ por publicá-lo como um minilivro. Isso nos ajuda a alcançar uma audiência ao redor do globo de profissionais apaixonados envolvidos na adoção do ágil.

Finalmente, gostaríamos de agradecer a todas as pessoas que investiram seu tempo em ler e comentar nos nossos blogs. Seu feedback nos ajudou a aumentar nosso entendimento do assunto sobre o qual escrevemos e fazer valer a pena para nós continuar blogando.

Segunda edição

Após publicarmos a primeira edição como um e-book em dezembro de 2013, muita coisa aconteceu. Muitas pessoas baixaram o livro e vem fazendo uso dele para retrospectivas valiosas com seus times. Em cinco meses alcançamos mil leitores no Leanpub e muitos mais no InfoQ.

Nós recebemos avaliações positivas no Goodreads e muitos e-mails, tweets, comentários no Linkedin e outras formas de feedback de nossos leitores. É muito bom quando as pessoas gostam do seu livro e relatam o que absorveram dele. Obrigado!

Leitores têm enviado perguntas, apontado erros no livro e nos encaminhado sugestões para melhoria dele. Para esta segunda edição nós revisamos o texto integralmente baseados no feedback que recebemos. Isto melhorou a leitura e usabilidade do livro. Nós agradecemos a todos que investiram tempo e energia para nos ajudar em mais melhorias da qualidade do nosso livro!

Começamos a receber pedidos de edições em outras línguas. Para ajudar nisso, times de voluntários em diversos países estão traduzindo nosso livro para muitas línguas. Os livros em línguas locais são distribuídos via Leanpub. Um grande "muito obrigado" a todos os tradutores, revisores e editores: Vocês estão nos ajudando a realizar o sonho de auxiliar equipes de todo o mundo a fazer retrospectivas ágeis valiosas!

A segunda edição é a primeira versão a ser publicada também em versão impressa via Amazon e Lulu. O formato de livro de bolso é fácil de carregar sempre que estiver fazendo retrospectivas ou preparando-as. Agradecemos à equipe do InfoQ por todo o suporte no preparo do livro para impressão. Já que o conteúdo é o mesmo, você pode utilizar tanto a versão digital quanto a impressa ao mesmo tempo. Você pode baixar o ebook no InfoQ e no Leanpub.

Quando começamos, não esperávamos que isso se tornasse tão grande em tão pouco tempo. Claro, isso nos deixa muito feliz. Também achamos que isso confirma que retrospectivas são importantes em ágil. Todos os dias ouvimos sobre times ágeis ao redor do mundo que estão fazendo retrospectivas regularmente. Nossa missão é ajudar o máximo de times possível a encontrar mais valor nas retrospectivas ágeis.

Se a qualquer momento você quiser saber mais sobre Retrospectivas ágeis valiosas, sinta-se livre pra entrar em contato conosco. Você também pode se inscrever em nossa mala direta *Valuable Agile Retrospectives* (URL: eepurl.com/Mem7H) para estar sempre atualizado.

Ben Linders e Luis Gonçalves.

Prefácio à Edição Brasileira

Nosso livro *Getting Value out of Agile Retrospectives* tem sido traduzido para vários idiomas com equipes de voluntários em diferentes países. Você está lendo a edição em português do Brasil deste livro.

Semelhante ao que aconteceu em traduções para outras línguas, profissionais de agilidade do Brasil leram nosso livro em inglês e sentiram que um material tão detalhado sobre retrospectivas ágeis deveria ser traduzido para o português para auxiliar seus (e outros) times a realmente alcançarem o verdadeiro potencial que as retrospectivas podem oferecer. Sendo assim, nos procuraram para saber se poderiam colaborar com a tradução, pedido que atendemos com enorme prazer.

Nosso muito obrigado a todo o time de tradução pelo tempo e esforço que voluntariamente dedicaram ao nosso livro e por suas sugestões e comentários para melhorá-lo. Graças a eles estamos alcançando um grande número de times no Brasil e em outros países de língua portuguesa que, através deste livro, terão acesso a uma caixa de ferramentas para retrospectivas mais valiosas.

Agradecemos também à equipe do InfoQ por seu contínuo apoio em escrever e traduzir nossos livros, e ao InfoQ por publicar e promover nossos livros como minilivros em InfoQ.com.

Time de tradução para português do Brasil:

Coordenação:

Ben Linders e Liney Reis

Tradução e Revisão:

Anne Justo Hanke

Analista de risco, bancária, mãe, Scrum Master, apaixonada por inovação, metodologias ágeis e liderança para felicidade.

E-mail: annecarolinejusto@gmail.com

Liney Reis

Tem atuado como consultor, mentor e facilitador de times ágeis, focando em melhoria contínua de processos e pessoas. Entusiasta das práticas ágeis e lean, também é instrutor de Scrum e *Agile Mindset*. Adora tecnologia, fazer trilhas, acampar, cozinhar e tocar clarineta.

E-mail: lineyrr@gmail.com

Marcelo Areal

Aprendiz de agilidade, tem como propósito melhorar as entregas dos produtos onde trabalha. Curte quadrinhos, fazer hambúrguer, futebol e pizza com os amigos e família.

E-mail: marceloareal@gmail.com

Rafael Pessoa

Atua há mais de 10 anos com qualidade de processos/software. Hoje Agile Coach responsável pela transformação ágil de grandes empresas do seguimento bancário e serviços. Apaixonado por música, tecnologia, processos disruptivos, agilidade e lean mindset.

E-mail: rafaelhps2003@gmail.com

Redirley Matheus Santos

Atua há mais de 20 anos em Tecnologia da Informação, responsável pela introdução, treinamento e disseminação da mentalidade Ágil na empresa onde trabalha, especialista em Logística e Transporte Internacional, apaixonado pela família, música e matemática.

E-mail: redmatsan@gmail.com

Ricardo Mendes

Trabalha há 20 anos com desenvolvimento de software. Utilizou metodologias ágeis nas posições de desenvolvedor, Scrum Master e Product Owner, possuindo uma visão bem abrangente do que significa realizar cada papel. Acredita que as metodologias ágeis, quando usadas corretamente, trazem muito benefício para todos os envolvidos.

E-mail: rpmendes@gmail.com

Sávio Pierre

Engenheiro de software, com mais de 20 anos de experiência em desenvolvimento de sistemas, lidera equipes de produto e desenvolvimento de software que utilizam práticas ágeis e lean.

E-mail: saviopierre@gmail.com

Os tradutores e revisores se esforçaram para deixar o texto o mais claro e livre de erros possível, entretanto, caso encontre algo que deva ser corrigido ou melhorado não hesite em entrar em contato conosco: BenLinders@gmail.com.

Introdução

Este livro contém muitos exercícios que você pode utilizar para facilitar retrospectivas, dando base ao "o quê" e ao "porquê" das retrospectivas, o valor de negócio e os benefícios que elas podem trazer para você, bem como dicas para introdução e melhoria das retrospectivas.

Retrospectivas ágeis são uma grande forma de continuamente melhorar a forma de trabalhar. Obter ações viáveis de uma retrospectiva e realizá-las ajuda as equipes a aprender e melhorar. Esperamos que este livro ajude você e seus times a conduzir retrospectivas efetivas e eficientes que reflitam na sua forma de trabalhar e continuamente gere melhorias!

Este livro começa com dois capítulos que fornecem respostas para a pergunta O que é uma Retrospectiva Ágil? e Por que Realizamos Retrospectivas? Essas respostas ajudam você a entender o propósito das retrospectivas e a motivar as pessoas a fazê-las.

O capítulo Valor de Negócio das Retrospectivas Ágeis explica por que organizações devem investir em retrospectivas e o que elas podem fazer para extrair mais valor de negócio delas.

O capítulo Pré-requisitos para Retrospectivas descreve como você pode preparar sua organização para fazer retrospectivas e discutir as habilidades que os facilitadores de retrospectivas precisam ter.

O capítulo Planejando uma Retrospectiva explica por que você precisa de diferentes exercícios para retrospectivas, como você pode planejar uma retrospectiva que seja valiosa para um time dada sua situação e o que você pode fazer para desenvolver a sua própria caixa de ferramentas de exercícios.

A principal parte deste livro é o capítulo com vários Exercícios para Retrospectivas que você pode usar para dirigir retrospectivas com seus times. A qualquer momento em que você estiver fazendo uma retrospectiva e não souber qual exercício usar, você pode escolher uma das várias opções deste capítulo.

O capítulo Benefícios das Retrospectivas dá a você ideias de que resultados esperar ao fazer uma retrospectiva.

Como Adotar Retrospectivas Ágeis descreve o que você pode fazer para introduzir retrospectivas na sua organização e como pode melhorar a forma que você já as faz.

No capítulo Um Livro Sobre Retrospectivas na sua Língua nós listamos diferentes edições traduzidas deste livro que estão disponíveis para ajudar times ao redor do mundo a fazer retrospectivas ágeis valiosas.

O último capítulo provê informações úteis se você quer ficar a par de tudo sobre fazer Retrospectivas Ágeis Valiosas.

Obtendo Valor de Retrospectivas Ágeis não tem a intenção de lhe ensinar a teoria por trás das retrospectivas. Para esse propósito, existem livros tais como *Agile Retrospectives* de Esther Derby e Diana Larsen e *Project Retrospectives* de Norman Kerth (Veja a bibliografia para uma lista completa de livros e links).

Com muitos exercícios para sua caixa de ferramentas de retrospectivas, esse livro vai ajudar você a ficar mais proficiente em fazer retrospectivas e a tirar mais proveito delas.

O que é uma Retrospectiva Ágil?

O manifesto ágil propõe que uma "equipe reflita sobre como se tornar mais eficaz". Retrospectivas ágeis podem ser usadas pelas equipes para inspecionar e adaptar sua maneira de trabalhar.

No final de uma iteração, normalmente são realizadas duas reuniões: a revisão da sprint (ou demonstração), que se concentra em obter feedback do produto e discutir como proceder, e a retrospectiva, que se concentra na equipe e nos processos usados para entregar software. O objetivo das retrospectivas é ajudar as equipes a melhorar continuamente sua maneira de trabalhar. Este livro é sobre como executar e melhorar as retrospectivas.

Uma retrospectiva ágil, ou retrospectiva de sprint, como o Scrum a chama, é uma prática usada pelas equipes para refletir sobre sua maneira de trabalhar e se tornar continuamente melhor no que faz.

O 12º princípio ágil declara:

> Em intervalos regulares, a equipe reflete sobre como se tornar mais eficaz e então refina e ajusta seu comportamento de acordo.

Todos os membros da equipe participam da reunião de retrospectiva, onde "inspecionam" como foi a iteração e decidem o que melhorar e como querem "adaptar" sua maneira de trabalhar e seu comportamento. Retrospectivas são uma maneira eficaz de avançar em direção a melhorias de ciclo curto.

O facilitador da retrospectiva (geralmente o Scrum Master) deve ter uma caixa de ferramentas de possíveis exercícios de retrospectiva e deve poder escolher o mais eficaz, dada a situação em questão.

Normalmente, uma reunião de retrospectiva começa verificando o status das ações da retrospectiva anterior para ver se elas foram concluídas e para executar as que eventualmente não foram concluídas e ainda forem necessárias. As ações que saem de uma retrospectiva são comunicadas e executadas na próxima iteração.

Para garantir que as ações de uma retrospectiva sejam realizadas, elas podem, por exemplo, ser adicionadas ao backlog do produto como histórias de usuários, trazidas para o jogo de planejamento e colocadas no quadro de planejamento para que permaneçam visíveis para a equipe.

Por que Realizamos Retrospectivas?

As organizações precisam melhorar para permanecer nos negócios e continuar agregando valor. A melhoria organizacional clássica usando (grandes) programas leva muito tempo e muitas vezes é ineficiente e ineficaz. Precisamos descobrir melhores maneiras de aprimorar e retrospectivas podem fornecer a solução.

Loucura, segundo dizem, é fazer as mesmas coisas esperando resultados diferentes. Se você deseja agregar mais valor aos seus clientes, precisa mudar a maneira como realiza seu trabalho. É por isso que muitas equipes ágeis usam retrospectivas: para ajudá-las a resolver problemas e melhorar a si mesmas!

O que diferencia as retrospectivas dos programas tradicionais de melhoria? São os benefícios que as equipes podem obter ao fazê-las. A equipe é dona da retrospectiva ágil. Eles podem focar onde veem a necessidade de melhorar e resolver os problemas que dificultam seu progresso. Retrospectivas ágeis entregam o poder à equipe, que é onde deveria estar! Quando os membros da equipe se sentem empoderados, há mais adesão do grupo às ações, o que leva a menos resistência às mudanças identificadas como necessárias pelas ações que saem de uma retrospectiva.

Outro benefício é que a equipe concorda com as ações em uma retrospectiva e as executa. Não existe repasse de tarefas; a equipe dirige suas próprias ações! Seus integrantes analisam o que aconteceu, definem as ações e acompanham uns aos outros. Eles podem envolver o Product Owner e os usuários nas ações de melhoria, quando necessário, mas a equipe permanece no controle delas. Essa maneira de ter equipes liderando sua própria jornada de aprimoramento é muito mais eficaz e também mais rápida e barata do que ter ações repassadas entre a equipe e outras pessoas na organização.

(BL) Minha experiência é que muitas das conclusões de uma retrospectiva têm a ver com a maneira como as pessoas colaboram e se comunicam em seu trabalho diário. Soft skills são importantes em TI; desenvolvedores e testadores de software são humanos e realmente se comunicam. Mas, como todos os outros, às vezes eles têm mal-entendidos, podem não ser claros na comunicação ou não ouvem ou perdem as coisas que foram ditas. Você pode usar diferentes exercícios de retrospectiva para explorar problemas de comunicação e de trabalho em equipe. Retrospectivas podem ser usadas para estabelecer e manter equipes e ajudá-las a se fortalecerem. O coaching e a orientação ajudam os membros da equipe a ver onde as coisas deram errado e a melhorar, e as retrospectivas fornecem informações valiosas.

Esses tipos de benefícios explicam por que as retrospectivas são um dos fatores de sucesso para usar e se beneficiar do Scrum.

Valor de Negócio das Retrospectivas Ágeis

Retrospectivas ágeis ajudam suas equipes a aprender e melhorar e, com efeito, aumentam o valor de negócio para os clientes e a empresa. Elas podem tornar sua organização mais rápida, mais eficiente e inovadora.

Algumas coisas que você pode fazer em retrospectivas para aumentar o valor do negócio são:

- Torne a equipe ciente de que procuramos ações que seus integrantes possam realizar - empodere suas equipes. Um benefício das retrospectivas é que as ações são definidas e realizadas pela equipe.
- Concentre-se em aprender e entender, em vez de culpar. Você pode usar a diretiva principal para definir uma cultura positiva para melhoria.
- Limite o número de problemas que você investiga e as ações geradas nas retrospectivas. É melhor ter algumas ações de alta qualidade do que muitas ações com o risco de que não sejam executadas. Tente mudar apenas uma coisa de cada vez.
- Use as regras de ouro para a melhoria de processos ágeis para ajudar as equipes a trabalharem juntas de maneira suave, eficiente e positiva e, ao mesmo tempo, melhorarem a maneira como trabalham.
- Concentre-se em problemas claramente definidos e ajude as equipes a encontrar ações de melhoria que sejam importantes para elas e os permita fazer melhor seu trabalho. Use retrospectivas para empoderar as suas equipes e capacitar os seus profissionais.

- Use a análise de causa raiz para encontrar as causas (não os sintomas) dos problemas. Em seguida, defina ações para impedir que elas retornem. Quando as pessoas entendem os problemas e suas causas, geralmente ficam mais motivadas a trabalhar nelas.
- Acompanhe e avalie o andamento das ações para ajudar a equipe a entender por que algumas ações funcionaram e outras não (aprendizado em loop duplo) e tornar o progresso visível.
- Use exercícios diferentes em retrospectivas, dependendo dos problemas em questão, da mentalidade da equipe etc. Certifique-se de ter uma caixa de ferramentas de técnicas de retrospectivas. Em caso de dúvida sobre o que fazer, tente algo novo!

Se as retrospectivas são feitas com frequência e cada uma analisa o que aconteceu na iteração e define ações para aprimorar, então elas levarão à melhoria contínua com considerável valor de negócio a longo prazo.

Pré-requisitos para Retrospectivas

Em seu livro *Agile Coaching*, Rachel Davies e Liz Sedley exploram como as retrospectivas fornecem uma maneira de se envolver com os membros da equipe, melhorando seus processos em resposta direta aos problemas que enfrentam. Infelizmente, é comum encontrar equipes que já tentaram retrospectivas e desistiram. Então onde está o problema? Retrospectivas bem-sucedidas precisam que vários itens estejam presentes e é este o tópico que queremos abordar.

No livro *Project Retrospectives*, Norman Kerth discute cinco pré-requisitos importantes para uma retrospectiva bem-sucedida: "a necessidade de um ritual"; "nomeando o processo"; "diretiva principal para uma retrospectiva"; "o lado sombrio das retrospectivas"; e o "facilitador da retrospectiva".

A necessidade de um ritual

Geralmente os humanos não param para refletir durante os projetos. Essa não é uma atividade natural e é por isso que é tão importante formalizar um comportamento e torná-lo um ritual. Os rituais reúnem as pessoas, permitindo que elas se concentrem no que é importante e reconheçam eventos ou realizações importantes. É extremamente importante não usar uma retrospectiva para identificar partes puramente negativas de um projeto. Todo projeto oferece resultados positivos e estes devem ser comemorados como qualquer outra pequena vitória.

Todos os envolvidos em um projeto devem estar envolvidos na retrospectiva. O enorme potencial de aprendizado de uma retrospectiva não deve ser proibido para nenhum membro da equipe.

Outra razão pela qual todos devem comparecer é o fato de todos verem os problemas de maneiras diferentes. Essa contribuição é extremamente importante na criação de melhores abordagens para o futuro.

Nomeando o processo

Em nossa indústria, as retrospectivas assumem muitos nomes diferentes, como: pós-morte, pós-parto, reparação pós-noivado etc. No desenvolvimento de software ágil, "retrospectiva" é o nome popular atual. É importante nomear o processo de maneira clara, para que todos dentro e fora do processo o entendam. Geralmente, uma equipe sabe o que significa, mas não é incomum que a alta gerência entenda mal o que está acontecendo. "Retrospectiva" é uma palavra simples e explicativa.

Diretiva principal para uma retrospectiva

Um dos ingredientes básicos para uma retrospectiva de sucesso é o "fator de segurança". As pessoas devem se sentir confortáveis o suficiente para compartilhar seus problemas, opiniões e preocupações. É comum que os membros da equipe percebam que as coisas não correram tão bem quanto o planejado, e, quando isso acontece, devem se sentir à vontade para falar e sugerir maneiras diferentes de abordar o problema. Norman explica algumas técnicas para criar um ambiente seguro dentro das equipes em seu livro. Além disso, ele explica que, antes de iniciar uma retrospectiva, devemos comunicar uma diretiva principal: "Independentemente do que descobrirmos, devemos entender e realmente acreditar que todos fazem o melhor trabalho possível, considerando o que era conhecido na época, suas aptidões e habilidades, os recursos disponíveis e a situação em questão."

Pessoalmente, usamos essa ideia várias vezes e podemos garantir que funciona.

Evitando o lado sombrio das retrospectivas

Vimos várias retrospectivas se transformarem em sessões de reclamação. É comum quando uma retrospectiva não é bem facilitada. É importante entender os motivos das reclamações, e isso pode revelar muitos problemas, mas se uma sessão de reclamação sair do controle, ela poderá arruinar a retrospectiva completa.

As pessoas não reclamam com más intenções. Elas simplesmente exteriorizam o que as está afetando. Elas têm necessidades que não estão sendo atendidas e precisam expressar suas emoções. Os problemas ocorrem quando o receptor se ressente pela reclamação e entra imediatamente em modo defensivo e contra-ataca. Isso pode acabar em uma retrospectiva improdutiva. Se todas as retrospectivas terminarem assim, as pessoas começarão a ver as retrospectivas como inúteis e deixarão de participar.

Uma técnica que usamos é solicitar que as pessoas expressem seus pensamentos como desejos, em vez de acusações. Isso muda o tom da voz e cria um ambiente seguro - e ter um ambiente seguro é uma das coisas mais importantes para uma retrospectiva de sucesso.

O facilitador da retrospectiva

Todos os tópicos anteriores são extremamente importantes, mas sem um bom facilitador, uma retrospectiva provavelmente será um desastre. Tornar-se um bom facilitador requer experiência, treinamento e muito auto estudo. Antes de iniciar uma retrospectiva, o facilitador deve ter uma ideia clara sobre o que ele/ela deseja obter dessa sessão. Um facilitador experiente poderá fazer isso, mas facilitadores menos experientes podem precisar da ajuda de facilitadores mais experientes. Cada retrospectiva aborda diferentes problemas. O truque é encontrar os exercícios certos para resolver os problemas certos.

Os facilitadores menos experientes devem começar com pequenos projetos nos quais as pessoas se conhecem há algum tempo e já trabalharam juntas. Outra boa opção para novos facilitadores é emparelhar ou se tonar aprendiz de um facilitador mais experiente.

O facilitador júnior pode aprender sob a tutela do líder maduro em tempo real. Com a experiência, as pessoas podem considerar problemas maiores e equipes maiores. Tornar-se um bom facilitador exige tempo e esforço. Não apresse ou correrá o risco de um resultado indesejável.

Planejando uma Retrospectiva

Como facilitador, é importante ter uma caixa de ferramentas de exercícios que você possa usar ao planejar uma retrospectiva. Essa caixa de ferramentas o ajudará a facilitar retrospectivas que ofereçam mais benefícios para as equipes com as quais você trabalha.

Por que diferentes exercícios de retrospectivas?

As equipes são diferentes, assim como as coisas com as quais as equipes têm que lidar a cada iteração. É por isso que não existe um único exercício de retrospectiva que sempre dê os melhores resultados. Antes de iniciar uma retrospectiva, você precisa pensar sobre quais exercícios seriam mais adequados.

Existe o risco de as equipes ficarem entediadas quando estão sempre fazendo retrospectivas de maneira parecida. Uma solução para isso é introduzir variações usando diferentes exercícios.

Selecionando exercícios de retrospectivas

O objetivo de selecionar exercícios de retrospectivas é projetar uma reunião de retrospectiva que agregue valor ao negócio. O valor vem de fazer uma retrospectiva que identifique as coisas mais importantes em que uma equipe deseja trabalhar para melhorar seu processo (a propósito, um processo é "a maneira como trabalhamos por aqui".)

Mas o que é mais importante? Pode ser o maior e mais atual impedimento que sua equipe possui. Você pode fazer uma análise de causa raiz para entendê-la e definir ações efetivas. Talvez algo esteja atrapalhando a atmosfera de sua equipe e eles não conseguem definir o que é. Nesse caso, a retrospectiva de uma só palavra pode ajudar.

Ou pode-se tentar descobrir por que a iteração atual falhou ou por que ela foi um sucesso tão grande. Você pode investigar como usar os pontos fortes que seus profissionais já têm para melhorar ainda mais.

Estrutura de uma retrospectiva

O livro *Agile Retrospectives* de Esther Derby e Diana Larsen descreve uma lista de passos que compõem uma retrospectiva típica:

1. Prepare o ambiente.
2. Colete os dados.
3. Gere insights.
4. Decida o que fazer.
5. Feche a retrospectiva.

Você pode usar os exercícios descritos neste livro para projetar uma retrospectiva que inclua essas atividades. Por exemplo, uma retrospectiva de uma palavra ou um exercício de constelação pode ser usado para preparar o ambiente, combinado com um exercício do barco a vela ou o exercício cinco vezes por que para coletar dados e gerar insights. Exercícios como uma pesquisa de avaliação de equipe ou uma retrospectiva baseada em pontos fortes podem ajudá-lo a decidir o que fazer.

Retrospectivas são usadas para melhorar continuamente, ajudando assim suas equipes e a organização a se tornarem mais ágeis e enxutas. Você pode planejar uma reunião de retrospectiva e pensar nos exercícios que deseja usar, mas esteja aberto a alterá-la sempre que necessário. Por isso é importante ter uma caixa de ferramentas com opções de exercícios.

Desenvolva sua própria caixa de ferramentas!

Nosso conselho aos facilitadores de retrospectivas é aprender vários exercícios diferentes. A melhor maneira de aprendê-los é executá-los. Pratique um exercício, reflita como foi, aprenda e melhore a si mesmo. Você pode precisar de um exercício específico um dia, portanto, esteja preparado!

Este livro fornece muitos exercícios para retrospectivas diferentes que você pode usar para projetar retrospectivas.

Exercícios para Retrospectivas

O uso de diferentes tipos de exercícios ajuda você a tirar o máximo proveito das retrospectivas. As seções a seguir descrevem os exercícios que você pode usar para fazer retrospectivas.

Os exercícios descritos neste capítulo são:

- Um exercício fácil, mas poderoso, é Fazer Perguntas. Você pode fazer muitas perguntas diferentes. O truque é escolher aquelas que ajudam a equipe a ter uma ideia dos problemas principais e mais urgentes e identificar potenciais melhorias. Daí, ao fazer perguntas mais detalhadas, a equipe mergulha ainda mais na retrospectiva.
- O exercício Estrela-do-mar é uma variante da abordagem "O que deu certo? O que não foi tão bem? O que pode ser melhorado?". Ele usa um círculo com cinco áreas para refletir sobre quais atividades a equipe deve interromper imediatamente, quais atividades a equipe deve continuar com uma função reduzida, quais atividades devem ser mantidas, quais atividades devem desempenhar um papel maior no futuro e quais atividades a equipe deve começar a fazer.
- O exercício Barco a Vela lembra à equipe seu objetivo, o produto que eles precisam entregar, os riscos que eles podem enfrentar, o que os está desacelerando e, mais importante, o que os ajuda a entregar um excelente software. Ele usa a metáfora de um barco, pedras, nuvens e ilhas.
- Quando houver problemas em uma equipe que precisem ser discutidos, você poderá fazer uma Retrospectiva de Uma Só Palavra. Você começa pedindo a cada membro da equipe para

expressar como eles se sentem sobre a última iteração em uma única palavra. Essas palavras são usadas para discutir tópicos que de outra forma não viriam à tona.

- Os membros da equipe podem avaliar o desempenho da equipe escolhendo uma Marca de Carro que eles associem à iteração. Isso permite que todos compartilhem suas opiniões sobre a iteração e apresentem tópicos que podem ser aprimorados.

- O humor dos membros da equipe geralmente é afetado por problemas encontrados ao trabalhar juntos. O fato de os membros da equipe expressarem seus sentimentos em uma retrospectiva usando o Índice de Felicidade ajuda a identificar possíveis melhorias. Este exercício usa uma representação gráfica das emoções dos membros da equipe.

- Se houver problemas significativos que uma equipe queira evitar no futuro, você pode usar o exercício Cinco Vezes Por que. Este exercício usa a análise de causa raiz para chegar às causas mais profundas dos problemas e definir ações que os abordem.

- O exercício Constelação pode ser usado para visualizar se os membros da equipe estão de acordo ou discordam sobre tópicos relevantes. É um exercício inicial que pode ser usado para ajudar as equipes a se sentirem à vontade e falarem livremente sobre qualquer tópico.

- A Pesquisa de Avaliação de Equipe permite que as equipes façam uma introspecção em diferentes áreas, como desempenho do product owner, gerenciamento de atividades na iteração, espírito de equipe e implementação de boas práticas técnicas. Esse exercício é baseado na pesquisa de avaliação de equipe do Scaled Agile Framework - SAFE.

- Uma Retrospectiva Baseada em Pontos Fortes mostra os pontos fortes que tanto os membros da sua equipe como as equipes em si possuem usando uma abordagem focada na solução. O exercício ajuda a explorar maneiras de usar os pontos fortes como uma solução para os problemas que as equipes estão enfrentando.

- Uma Árvore de Alto Desempenho é uma metáfora usada para ajudar as equipes a traçar uma visão e definir um destino ao qual queiram ir. Ao mesmo tempo, indica o que precisa acontecer para as equipes alcançarem sua visão. Este exercício é baseado na retrospectiva da árvore de alto desempenho criada originalmente por Lyssa Adkins.

- Quando as equipes se tornam mais maduras, o Mapeamento do Fluxo de Valor é um exercício que pode ajudá-las a entender seus pontos fracos e encontrar maneiras de melhorar. O exercício mostra a maneira como a equipe desenvolve software. Ele revela dependências e mostra onde o desperdício ocorre no processo de desenvolvimento de software.

- Quando você tem um projeto ágil com várias equipes, pode fazer uma Retrospectiva de Retrospectivas para melhorar a colaboração entre equipes. Essa é uma maneira eficaz de compartilhar aprendizados em um projeto e resolver problemas que ele esteja enfrentando.

Como os exercícios são descritos?

Todos os exercícios de retrospectiva são descritos no seguinte formato:

- **O que esperar**: os possíveis resultados que esse tipo de retrospectiva pode oferecer a você e os benefícios de usar esse exercício.
- **Quando aplicar**: situações em que este exercício de retrospectiva pode ser mais útil.
- **Como fazer**: uma descrição detalhada do exercício e como aplicá-lo.

Fazendo Perguntas

Um exercício frequentemente utilizado em retrospectivas ágeis é fazer perguntas à equipe, coletar e agrupar as respostas. Os resultados podem ser usados para definir ações de melhoria que a equipe pode executar na próxima iteração.

O que esperar

Fazer perguntas ajuda as equipes que estão começando a refletirem e melhorarem sua maneira de trabalhar para se tornarem ágeis e enxutas. Perceber que eles podem realizar as ações resultantes de retrospectivas motiva as equipes a aprender e melhorar continuamente.

Você pode ajudar equipes maduras fazendo perguntas mais detalhadas e focadas para ajudá-las a ajustarem sua maneira de trabalhar.

Quando aplicar

Se você nunca facilitou uma retrospectiva antes, fazer perguntas é uma maneira fácil de começar. Como as perguntas podem variar, o exercício também é flexível, o que o torna adequado em muitas situações.

Como fazer

Com uma equipe nova em retrospectivas, você pode usar as quatro perguntas principais que Norman Kerth definiu:

- O que fizemos bem, que se não discutirmos, podemos esquecer?
- O que aprendemos?
- O que devemos fazer diferente da próxima vez?
- O que ainda nos atrapalha?

As quatro perguntas de retrospectivas são geralmente muito eficazes. Perguntar "o que devemos fazer diferente da próxima vez" induz os membros da equipe a procurarem coisas que eles queiram mudar. Muitas vezes ajuda a facilitar uma discussão, a descobrir por que um processo precisa ser alterado e a construir um entendimento e compromisso compartilhados para as ações que a equipe realizará.

"O que fizemos bem?" é uma abordagem focada na solução que pode ser usada em uma retrospectiva baseada em pontos fortes. A adição de "se não discutirmos, podemos esquecer" torna essa questão ainda mais forte; se algo bom aconteceu por acidente, isso é ótimo, mas o que você poderia colocar em prática para garantir que continuará fazendo coisas boas?

A pergunta "o que ainda nos atrapalha?" pode fornecer informações úteis, revelando coisas que antes não haviam sido ditas. Se tudo der certo, uma retrospectiva de uma palavra pode ser usada para lidar com as emoções da equipe. Perguntando "o que aprendemos?" conscientiza as pessoas de que, para melhorar, elas precisam aprender. Se esta pergunta não gerar respostas depois de várias retrospectivas consecutivas, pode ser um sinal de que a equipe não está tentando coisas novas o suficiente. É algo que você pode aprofundar por meio da análise de causa raiz.

Fazer perguntas é um exercício fácil de aprender, mas a eficácia depende das perguntas que você fizer à equipe. *(BL)* Trabalhando com equipes ágeis e não ágeis, tenho feito avaliações, auditorias, avaliações de projetos usando o CMMI e o People-CMM, retrospectivas e muitos outros tipos de sessões de feedback. As perguntas abaixo são uma mistura baseada nessas estruturas, mas formuladas de maneira que você possa usá-las em retrospectivas ágeis para auxiliar as equipes a encontrarem coisas que possam melhorar.

Exemplos de perguntas:

- O que ajuda vocês a terem sucesso em equipe?
- Como vocês fizeram isso?
- Onde e quando houve problemas nesta iteração?
- O que vocês esperam, de quem?

- Quais ferramentas ou técnicas provaram ser úteis? Quais não?
- Qual é o maior impedimento de vocês?
- Se vocês pudessem mudar uma coisa, o que seria?
- O que causou os problemas que vocês tiveram nessa iteração?
- Existe algo que vocês podem fazer sobre essas causas?
- Quais problemas vocês acreditam que deveriam ser resolvidos por pessoas de fora da equipe?

O truque é escolher as perguntas que ajudam o time a ter uma ideia dos principais problemas que estão enfrentando e perguntas que os ajudem a visualizar seu potencial de melhoria.

Use perguntas abertas para obter respostas que forneçam mais informações e use perguntas de acompanhamento para ajudar as equipes a entender o que aconteceu. Peça exemplos para tornar as situações concretas, resuma as respostas para criar um entendimento compartilhado na equipe e descreva as ações que a equipe poderá colocar em prática.

Estrela-do-mar

O exercício estrela-do-mar é uma evolução das três perguntas típicas usadas em retrospectivas: O que correu bem? O que não foi tão bem? O que deve ser melhorado?

O que esperar

Este exercício ajuda a identificar problemas e oportunidades para a equipe. Em vez das três perguntas típicas, temos um círculo com cinco palavras:

- *Parar* - são atividades que não agregam valor a uma equipe ou atividades do cliente que trazem desperdício ao processo.
- *Menos* - São atividades que exigem um alto nível de esforço e produzem pouco benefício. Eles também podem ser atividades que foram trazidas para a equipe no passado, mas não levaram a nenhuma melhoria geral no processo.
- *Manter* - Geralmente essas são boas atividades ou práticas que os membros da equipe desejam manter. Essas atividades já estão sendo aplicadas.
- *Mais* - Atividades nas quais uma equipe deve se concentrar e executar com mais frequência. Por exemplo, muitas equipes me dizem como a programação em pares é útil, mas não precisam fazer isso toda vez.
- *Começar* - Atividades ou ideias que uma equipe deseja trazer para o jogo.

Com este exercício, as equipes podem ter uma visão geral do que está acontecendo dentro da equipe, do que está funcionando e do que não está. Eles podem obter uma visão geral sobre as falhas e os sucessos no passado. *(LG)* Na minha opinião pessoal, acho que essa é uma grande evolução das três questões de retrospectivas típicas.

Quando aplicar

Acredito que esta técnica simples não requer nenhuma ocasião especial. Pode ser interessante para situações em que uma equipe passa por vários altos e baixos durante a iteração. Essa técnica revela boas ações e observações menos positivas que a equipe realizou e, portanto, pode ser uma boa ferramenta para resumir a iteração.

O exercício Estrela-do-mar é adequado para qualquer equipe. Não requer nenhum nível específico de maturidade.

Como fazer

Essa retrospectiva é simples de fazer. Primeiro, desenhe esta figura:

Estrela-do-mar

Uma das belezas deste exercício é o fato de que uma equipe não precisa estar coalocada (no mesmo ambiente físico). Você pode usar ferramentas como o Lino, por exemplo, para aplicar o exercício em equipes não coalocadas. O Lino permite que os usuários façam tudo o que for necessário para executar este exercício.

Depois de desenhar a figura em um quadro, é bom iniciar uma sessão de brainstorming, permitindo que a equipe despeje suas ideias na área 'Parar'. Depois disso, dedique de dois a três minutos a cada pessoa para ler em voz alta as ideias do 'Parar' e dedique dez minutos a uma breve discussão para ver se todos estão alinhados.

Repita o exercício para cada uma das áreas 'Menos', 'Manter' e 'Mais'.

Para a parte 'Começar', adicione uma etapa extra. Use a abordagem Toyota, escolhendo um único tópico para discutir. Você pode realizar uma votação para ver o que a equipe considera o tópico mais importante para começar. Depois de selecionar o tópico, crie uma pequena estratégia para garantir que ele seja bem implementado. Essa estratégia pode incluir pessoas responsáveis, datas de vencimento e, o mais importante, critérios de sucesso. Para saber se a implementação foi bem-sucedida, precisamos ter um critério de sucesso.

Um tema escolhido na parte 'Começar' não precisa ser novo para uma equipe. Pode ser uma melhoria de algo que não está funcionando bem.

A ordem dos tópicos dentro do círculo é importante. *(LG)* Gosto de ordená-los como 'Parar', 'Menos', 'Manter', 'Mais' e terminar com 'Começar'. Eu acho que isso tem um grande impacto. Iniciar com tópicos negativos e progredir pouco a pouco em direção aos positivos ajudará a equipe a encerrar a retrospectiva com um sentimento muito mais positivo do que se o fizessem em ordem aleatória.

Barco a Vela

A razão pela qual esse exercício é tão interessante é o fato de permitir que uma equipe pense sobre seus próprios objetivos, impedimentos, riscos e boas práticas, em um simples pedaço de papel.

(LG) Eu aprendi este exercício alguns anos atrás, quando trabalhei com Vasco Duarte. Recentemente, vi uma atualização no blog do Pedro Gustavo, onde tive a ideia das rochas (riscos). Pela minha experiência, essa técnica é bem recebida pelas equipes devido à sua simplicidade.

O que esperar

Este exercício ajuda as equipes a definir uma visão. Isso os ajuda a identificar riscos em seu caminho e permite identificar o que os torna mais lentos e o que realmente os ajuda a alcançar seus objetivos.

Quando aplicar

Esta técnica é simples e não requer nenhuma ocasião especial. Pode ser interessante para retrospectivas realizadas com mais de uma equipe. *(LG)* Eu tive uma situação, não faz muito tempo, quando duas equipes trabalharam juntas. Por causa de seu nível de dependência um do outro, eles decidiram realizar uma retrospectiva comum para resolver alguns problemas em andamento. Usando este exercício, colocamos os nomes das duas equipes no barco e lembramos a todos que estamos no mesmo navio, seguindo na mesma direção.

Essa técnica revela todas as coisas boas e menos positivas. Ele permite que a equipe identifique possíveis riscos e os lembra para onde eles precisam ir como equipe.

O exercício do barco é adequado para qualquer equipe. Não requer nenhum nível específico de maturidade.

Como em muitos outros exercícios, este exercício não requer a coalocação da equipe.

Como fazer

Desenhe um barco, pedras, nuvens e duas ilhas, como mostrado a seguir:

Barco a Vela

As ilhas representam os objetivos/visão da equipe. Eles trabalham todos os dias para chegar a essas ilhas. As rochas representam os riscos que eles podem encontrar ao longo do caminho. A âncora no barco é tudo que os atrasa em sua jornada. As nuvens e o vento representam tudo que os ajuda a alcançar seu objetivo.

Com a gravura na parede, anote as visões ou metas da equipe. Inicie uma sessão de brainstorming durante a qual a equipe despeje suas ideias nas diferentes áreas, conforme a figura. Dê dez minutos para que a equipe escreva suas ideias em post its. Depois, dê a cada pessoa cinco minutos para ler suas ideias em voz alta.

Nesse ponto, discuta com a equipe como eles podem continuar praticando o que está escrito na área de nuvens/vento. Essas são boas ideias que ajudam a equipe e precisam continuar com elas. Em seguida, discuta como a equipe pode mitigar os riscos identificados.

Por fim, deixe a equipe escolher a questão mais importante que os atrasa. Se houver discordância na equipe sobre qual tópico abordar,

você pode usar pontos de votação. No final, a equipe define as ações
a serem tomadas para corrigir o problema e conclui a retrospectiva.

Retrospectiva de uma só Palavra

A retrospectiva de uma só palavra ajuda as equipes a lidar com os sentimentos. Representa uma verificação na qual cada membro da equipe resume em uma palavra como eles estão se sentindo sobre a última iteração e a equipe. Ao discutir essas palavras, a equipe concorda com os principais problemas que estão enfrentando e decide quais ações serão executadas para resolvê-los.

O que esperar

Essa é uma maneira eficaz da equipe discutir o que os está impedindo e chegar a um acordo sobre como lidar com os problemas. Você pode usar este exercício para aumentar a compreensão e o respeito mútuo nas equipes e melhorar a colaboração. Ele pode ensinar os membros da equipe a se expressarem melhor e encontrar maneiras de lidar com os sentimentos, tanto positivos quanto negativos.

Quando aplicar

Use este exercício quando houver questões sensíveis dentro de uma equipe que precisam ser discutidas. Por exemplo, quando uma equipe está enfrentando dificuldades com a maneira como colaboram ou se conflitos e problemas pessoais entre os membros da equipe estão prejudicando o espírito da equipe, seria uma boa retrospectiva a ser conduzida.

Você também pode fazer a retrospectiva de uma só palavra como um exercício de introdução, para preparar os membros da equipe para uma retrospectiva. Se a equipe estiver com problemas graves, essa verificação de uma só palavra e a discussão a seguir podem se tornar toda a retrospectiva!

Como fazer

Peça a cada membro da equipe declarar como se sente sobre a iteração passada em uma palavra. Repita cada palavra e as escreva em um quadro visível a todos. Então comece perguntando por que eles se sentem assim. Use as palavras exatas mencionadas pelos membros da equipe para ter uma discussão em que os membros da equipe expressem sentimentos que, de outra forma, não chegariam à superfície.

Trabalhe no sentido de um entendimento compartilhado com a equipe e liste os principais problemas. Em seguida, verifique com os membros da equipe e identifique se há acordo. Pergunte à equipe que ações eles planejam realizar na próxima iteração para resolver esses problemas.

Uma variante deste exercício é usar imagens de revistas ou da web ou fazer com que os membros da equipe desenhem uma imagem para representar como se sentem sobre como as coisas estão indo na equipe.

Para poder fazer uma retrospectiva de uma só palavra, você precisa:

- Estabelecer confiança e abertura.
- Respeitar as pessoas e seus sentimentos.
- Ser capaz de lidar com os problemas.

A confiança é importante em qualquer retrospectiva, ainda mais quando você lida com os sentimentos e emoções das pessoas. Os membros da equipe precisam se sentir seguros para falar abertamente sobre problemas e expressar como se sentem. Como facilitador, você deve deixar claro que o que está sendo dito permanecerá dentro da equipe. Cabe à equipe escolher o que deseja fazer com os resultados, mesmo que decida que não deseja agir.

Como facilitador, você deve respeitar as opiniões dos membros da equipe e garantir que eles se respeitem. Se as pessoas começarem a culpar ou acusar umas às outras, lembre-as de que o objetivo de uma retrospectiva é entender o que aconteceu e aprender com ela. Lembre-os sobre a diretiva principal da retrospectiva.

Finalmente, é importante lidar com questões que são levantadas. As pessoas se ajudam e assumem riscos discutindo-as. Elas precisam se sentir recompensadas pelo fato de a equipe fazer algo sobre os itens levantados. Os membros da equipe precisam sair da sala sentindo que foram ouvidos e compreendidos. E eles devem sentir que têm forças para resolver os problemas juntos como uma equipe.

Marca de Carro

Uma das partes importantes de uma retrospectiva de sucesso é uma abertura interessante. Devemos preparar o cenário, permitindo que a equipe se sinta à vontade para falar livremente sobre qualquer assunto.

O que esperar

Embora este exercício seja simples, ele fornece muitas informações que você pode usar para executar uma retrospectiva completa. Permite que as pessoas mostrem como se sentem sobre como foi a iteração sem expressar deliberadamente sua opinião. Isso é especialmente importante quando a equipe é nova e os membros ainda não se sentem à vontade para expressar seus sentimentos abertamente.

Quando aplicar

Este exercício não requer nenhuma circunstância especial. Ajuda a revelar as opiniões dos indivíduos, permitindo que todos tenham um entendimento comum do que os outros pensam. Isso é importante porque os membros da equipe devem estar alinhados.

Como fazer

Quando a retrospectiva começar, faça à equipe uma pergunta simples: "Se você pensar nessa iteração como uma marca de carro, qual marca você escolheria?" Você pode explicar, por exemplo, que se a iteração ocorresse perfeitamente, provavelmente todos escolheriam uma Ferrari. Se a iteração tivesse vários altos e baixos, talvez um Fiat fosse mais adequado. Dê a eles dois ou três minutos para pensar em uma marca apropriada.

Quando você sentir que todos tiveram tempo suficiente para decidir, convide-os a revelar seu carro, um por um. Não entre em discussão neste momento. As pessoas terão tempo para justificar suas escolhas posteriormente na retrospectiva. Permita que todos ouçam primeiro a escolha de cada membro. Isso fornecerá uma perspectiva geral sobre a posição da equipe. Depois disso, dê aos membros da equipe dez minutos para pensar em como eles alterariam a iteração passada para transformá-la no carro dos seus sonhos.

As pessoas apresentarão dezenas de mudanças, mas a experiência nos diz que muitas delas serão problemas comuns. Como facilitador, você deve tentar classificá-los nos grupos. Peça à equipe para usar, por exemplo, pontos de votação para selecionar a alteração mais crítica que gostaria de ver na próxima iteração.

Para este exercício, o tópico foi marca de carro, mas você pode usar qualquer coisa que faça sentido para você. Os membros da equipe podem estar espalhados por todo o mundo e ainda podem executar este exercício usando ferramentas virtuais.

Índice de Felicidade

As emoções são uma parte crucial da nossa vida diária. Ser capaz de conectar emoções a eventos é uma ótima maneira de entender o que está acontecendo ao nosso redor. O índice de felicidade é uma combinação de *Develop a Time Line* (Desenvolvimento de uma linha do tempo) e *Emotions Seismograph* (Sismógrafo de emoções) de Norman Kerth.

O que esperar

O objetivo deste exercício é desenhar uma representação gráfica das emoções dos membros da equipe durante as iterações, conectando suas emoções a eventos que ocorreram na iteração. Com esse tipo de informação, a equipe pode identificar o que afeta o desempenho durante a iteração. Conhecer essas causas diretas pode ajudar uma equipe a resolver problemas futuros. Por exemplo, se o servidor de compilação causar problemas, a equipe provavelmente ficará frustrada com a incapacidade de prosseguir com o trabalho e o clima geral esfriará. A equipe pode analisar o problema e encontrar soluções para resolver problemas semelhantes no futuro. Da mesma forma, se a equipe se sente positiva com relação a uma pequena vitória, por que não aplicar a mesma técnica para ter sucesso com problemas semelhantes no futuro?

Quando aplicar

Essa técnica pode ser adequada para situações em que uma equipe experimenta muitas emoções diferentes na iteração e deseja analisar as consequências. Também é um bom exercício para usar quando a equipe tem vários desafios na iteração e gostaria de entender melhor quando e como os problemas surgiram.

O índice de felicidade é adequado para qualquer equipe, independentemente do nível de maturidade.

Como fazer

Para realizar este exercício, basta uma folha de papel em branco e algumas notas adesivas. Desenhe duas linhas de eixo na folha, marcando o eixo Y como positivo e negativo enquanto o eixo X marca o número de dias em sua iteração.

Há duas maneiras de fazer este exercício: dentro da própria retrospectiva com toda a equipe ou em pequenos incrementos ao longo da iteração.

Para a primeira opção, crie pequenos grupos de duas ou três pessoas. Peça-lhes para debater sobre todos os eventos que ocorreram durante a iteração. Depois, peça que eles representem graficamente o nível de emoção com relação aos eventos da iteração. Quando todos os grupos estiverem concluídos, crie uma representação de todos os pequenos grupos em um único gráfico. Não se esqueça de colocar uma explicação para cada emoção diferente.

Para executar a segunda opção, cada membro da equipe desenha seu próprio nível de emoção no final de cada dia de trabalho. Essa abordagem garante que todos os eventos sejam cobertos e não esquecidos.

De qualquer forma, a equipe produzirá uma imagem fantástica do que aconteceu durante o sprint. Com esse tipo de informação, um facilitador pode ajudar a equipe a identificar eventos que devem ser repetidos e eventos que causam atraso para a equipe. A raiz dos problemas pode ser encontrada usando técnicas normais de análise de causa raiz.

Com um pouco de imaginação, esse exercício pode ser aplicado a equipes remotas, além de equipes não distribuídas.

Cinco Vezes Por que

O exercício 'Cinco vezes por que' usa a análise de causa raiz para identificar a causa mais profunda de um problema. Ele ajuda as equipes a definir ações que podem eliminar esses problemas.

O que esperar

O exercício 'Cinco vezes por que' ajuda a definir ações eficazes para interromper problemas recorrentes e evitar problemas semelhantes no futuro.

Quando aplicar

Quando as equipes têm problemas repetidos em suas iterações e as retrospectivas parecem incapazes de resolvê-las, esse exercício ajuda a todos a chegar às causas raízes dos problemas.

Como fazer

Perguntar repetidamente "Por quê?" Cria uma visão compartilhada das causas. Cada causa identificada ao se perguntar "por quê?" é questionada ainda mais para descobrir por que aconteceu, até que sejam encontradas as causas raízes mais profundas.

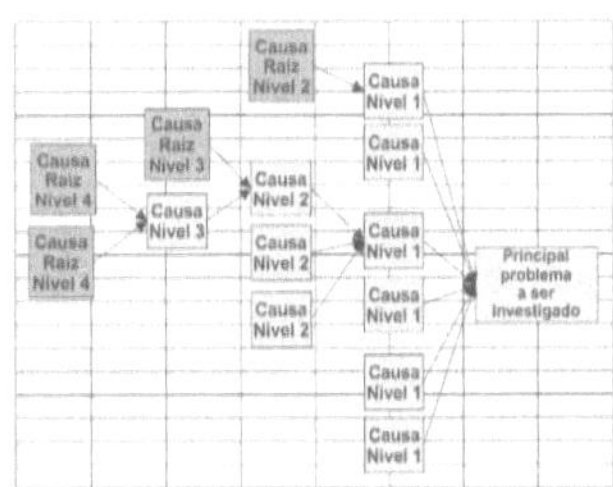

Gráfico de causa e efeito

Desenhe um gráfico de causa e efeito que mostre nos diferentes níveis as causas encontradas, perguntando o porquê. Normalmente, são necessários de quatro a sete níveis de causas e efeitos para chegar a uma situação em que ninguém sabe a resposta ou determinar um ponto de parada onde as pessoas sentem que não há necessidade de se aprofundar. Neste ponto, você determinou uma causa raiz! Repita isso até identificar as causas raízes de todas as causas de nível superior que foram identificadas. Não pare muito cedo; certifique-se de encontrar realmente as causas raízes.

Depois de identificar todas as causas raízes, peça à equipe ações que evitem que causas semelhantes levem a problemas no futuro.

Há algumas coisas a serem observadas ao usar este exercício:

- Use problemas reais, não apenas casos imaginários. Peça aos membros da equipe que apresentem as causas que realmente aconteceram, não apenas algo que poderia ter acontecido (isso evita suposições). Como equipe, você deve reconhecer as causas e saber que elas são reais para definir ações e soluções eficazes.
- Saiba que sempre existem várias causas para um problema. Não pare quando tiver uma primeira causa raiz. Invista tempo suficiente na análise para encontrar todos eles e compreenda bem como as causas estão relacionadas.
- Varie como você pergunta "por quê?" para entender melhor as causas reais. Isso requer alguma habilidade da pessoa que facilita a retrospectiva. Pode ser o seu Scrum Master (que pode precisar de orientação sobre como fazer uma retrospectiva 'cinco vezes por que') ou um facilitador experiente que sabe como o exercício pode ser usado para chegar ao fundo dos problemas.
- As causas raízes quase sempre têm a ver com as pessoas. Raramente é um problema técnico ou de ferramenta. Na maioria das vezes, isso tem a ver com habilidades, conhecimentos, a maneira como o trabalho é realizado, liderança, poder, autoridade, comunicação ou colaboração.

O exercício 'Cinco vezes por que' é semelhante à atividade dos Cinco Porquês descrita no livro *Agile Restrospectives* de Esther Derby e Diana Larsen.

Este exercício se baseia na análise da causa raiz dos problemas, uma técnica comprovada. As ferramentas práticas da análise de causa raiz que os facilitadores podem usar para esta retrospectiva são um processo de análise de causa raiz e um checklist de análise de causa raiz.

Constelação

Para ter sucesso com uma retrospectiva, precisamos estabelecer um cenário, permitindo que a equipe se sinta à vontade para falar livremente sobre qualquer tópico. O exercício constelação pode conseguir isso. Para saber mais sobre constelações sistêmicas, você pode visitar esta página.

O que esperar

Este é um exercício para pessoas que não gostam ou não se sentem confortáveis em compartilhar suas opiniões/sentimentos abertamente. Isso é especialmente verdade no início de um projeto, quando os membros da equipe ainda não confiam completamente em todos. Diferentes origens culturais e traços de personalidade podem dificultar a resposta a perguntas. Este exercício pode ajudar a mitigar esses problemas, porque as pessoas não precisam falar para responder a perguntas. Outra vantagem é que este exercício revela o que toda a equipe pensa sobre um determinado tópico sem a necessidade de discussões iniciais.

Quando aplicar

Este exercício pode abrir qualquer retrospectiva. Pode ser adequado quando o Scrum Master/Agile Coach achar que a equipe não tem a mesma opinião sobre as práticas aplicadas na equipe. Este é um bom exercício para revelar as opiniões dos indivíduos, permitindo um entendimento comum sobre o que os outros pensam. Isso é importante porque os membros da equipe devem estar alinhados. Por exemplo, se alguns membros da equipe acham que seu nível de automação é bom, mas outros não, não há como a equipe trabalhar em conjunto para melhorar este tópico.

Como fazer

Começamos uma retrospectiva com as boas-vindas aos membros da equipe e o estabelecimento de uma meta afirmativa para a sessão.

Comece criando um espaço aberto. Mova mesas e cadeiras, se necessário. Coloque um objeto no chão e explique à equipe que esse objeto é o centro do universo. Por favor, peça-lhes para formar um círculo em torno dele. Explique que você lerá algumas afirmações e, enquanto estiver lendo, gostaria que elas se aproximassem ou se afastassem do universo, dependendo de quão verdadeira é a afirmação para elas. Portanto, se eles concordam com a afirmação, devem se aproximar o mais possível do centro do universo. Se não concordarem, devem se afastar do centro. Depois de ler uma pergunta, deixe a equipe observar o sistema. Como Lyssa escreveu: "Deixe o sistema se revelar".

Você pode escolher declarações em diferentes áreas que possam precisar de aprimoramento - por exemplo, áreas técnicas, inovação e pessoas. Na área técnica, você pode fazer perguntas como: "O quão difícil é mudar para um cenário em que poderíamos ter uma release a cada check in? O quão difícil é mudar para 100% de cobertura nos testes? O quão difícil é se livrar completamente dos testes manuais?"

Sobre a área de pessoas, você pode declarar: "Trabalhar nesta equipe me dá uma sensação fantástica de recompensa. Trabalhar nesta equipe me faz sentir super apreciado. Trabalhar nesta equipe me permite desenvolver-me como pessoa e como profissional."

As declarações de inovação podem incluir: "Sinto que somos a equipe mais inovadora de toda a empresa. Sinto que temos o espaço necessário para desenvolver todas as nossas ideias. Sinto que nosso produto é tão inovador que ninguém no mercado está nem perto de ter algo parecido."

Basta escolher um tópico, fazer várias perguntas relacionadas a ele e deixar a equipe ver onde estão. Eles não precisam falar nada; eles respondem com os movimentos que mostram sua posição no sistema.

Você pode continuar fazendo perguntas até sentir uma boa vibração da equipe. Para se beneficiar totalmente desse exercício, no final, pergunte à equipe "Vocês estão surpresos com a formato que ficou?" Deixe-os conversar um pouco. É importante permitir discussões saudáveis.

Como próximo passo, você pode escolher as três declarações com as mais diferentes opiniões para discussão dentro da equipe, a fim de levar todos a um entendimento comum de onde estão e onde gostariam de estar. Depois disso, basta concordar com a equipe que assumirá a responsabilidade em diferentes tópicos e fechará a retrospectiva. Você pode executar este exercício virtualmente. Ter todos na mesma sala ajuda, mas não é necessário. Você pode usar ferramentas como o Lino para usar com equipes distribuídas.

Pesquisa de Avaliação de Equipe

(LG) Nos últimos meses, Dean Leffingwell me expôs o framework SAFe. Esse framework fornece uma pesquisa de avaliação de equipe.

Este exercício fornece um conjunto de medidas que uma equipe pode usar para determinar objetivamente seu desempenho em nível do projeto.

O que esperar

O exercício ajuda as equipes em sua jornada ágil. Ele permite que elas analisem o desempenho em diferentes áreas e identifiquem possíveis melhorias em um futuro próximo.

A avaliação possui quatro áreas principais:

- Integridade da Propriedade do Produto: como o Product Owner está se saindo.
- Integridade da Iteração: como as atividades dentro da iteração estão sendo gerenciadas.
- Integridade da Equipe: o nível do espírito de equipe dentro do time.
- Integridade Técnica: O quão bem a equipe tem implementado boas práticas técnicas.

Cada uma dessas áreas tem perguntas diferentes que podem ser classificadas de zero a cinco (onde zero é o nível mais baixo), permitindo que a equipe avalie as áreas que precisam de mais atenção.

Este exercício ajuda a revelar a integridade em ágil das equipes como um todo.

Quando aplicar

Essa técnica pode ser adequada para situações em que uma equipe deseja entender melhor como está implementando práticas ágeis.

Este exercício não resolverá problemas específicos que ocorreram durante a iteração, mas poderá revelar por que esses problemas ocorreram. Por exemplo, uma equipe que encontra muitos erros durante o desenvolvimento pode aprender que suas práticas de teste ou automação de unidade não estão bem implementadas.

Como fazer

Para executar este exercício, use uma planilha com quatro áreas principais (integridade da Propriedade do Produto, integridade da Sprint, integridade da Equipe e Integridade Técnica). Para cada área, crie várias declarações que você julgue apropriadas. Peça a cada membro da sua equipe que responda a essas perguntas antes da retrospectiva. Você pode usar as instruções do *SAFe Team Scrum XP assessment* que podem ser encontradas no 'Scaled Agile Framework'. Listados abaixo estão dois exemplos de instruções em cada área.

Integridade da Propriedade do Produto:

- O Product Owner facilita o desenvolvimento, a priorização e a negociação da história de usuário.
- O Product Owner colabora proativamente com o gerenciamento de produtos e outras partes interessadas.

Integridade da Iteração:

- A equipe planeja a iteração de forma colaborativa, eficaz e eficiente.
- A equipe sempre tem objetivos de iteração claros em suporte aos objetivos do PSI - *potential shippable increment* (potencial incremento liberável do produto) e se compromete a cumpri-los.

Integridade da equipe:

- Os membros da equipe são auto organizados, respeitam-se, ajudam-se para concluir os objetivos da iteração, gerenciar interdependências e permanecerem sincronizados com todos.
- As histórias são iteradas através da iteração com vários ciclos de definição, construção e teste (por exemplo, a iteração não é em cascata).

Integridade técnica:

- Testes de aceitação automatizados e testes unitários fazem parte da história.
- A refatoração da Definição de Pronto (DoD - Definition of Done) está sempre em andamento.

Todas essas declarações podem ser classificadas de zero (nunca) a cinco (sempre).

Gráfico Radar de Avaliação da Agilidade da Equipe

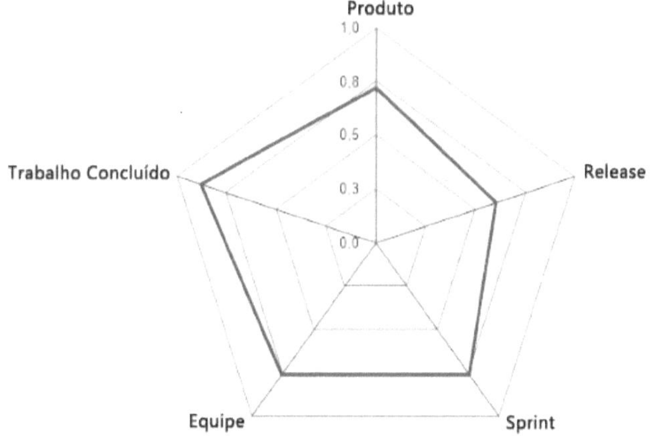

Avaliação de Equipe

Durante a retrospectiva, a equipe preenche a planilha em conjunto e os membros se avaliam para ver onde estão. Se desejar, você pode criar um gráfico para exibir o resultado da avaliação. Um exemplo pode ser visto na figura anterior.

Visualizar a avaliação permitirá que a equipe verifique onde está. Com o gráfico à sua frente, eles podem decidir qual área eles querem melhorar, escolhendo apenas uma área por vez e um tópico dentro da área.

Como muitos outros exercícios, este não requer a coalocação da equipe, desde que você tenha algum tipo de mecanismo de pontuação e votação que todos possam acessar.

Retrospectiva Baseada em Pontos Fortes

Como se transformar em uma equipe excelente capaz de entregar e exceder as expectativas dos clientes? Tornando-se continuamente melhor nas coisas em que você é ótimo. Isso pode ser feito usando uma retrospectiva baseada em pontos fortes com foco na solução.

O que esperar

Este exercício ajuda as equipes a melhorarem a si próprias, concentrando-se em seus pontos fortes individuais e da equipe e usando-os para melhorar!

Uma retrospectiva focada em solução baseia-se em uma Terapia Focada em Solução. Esse tipo de terapia não se concentra no passado, mas no presente e no futuro. Ela examina o que funciona em uma determinada situação e usa isso para resolver os problemas existentes. É uma maneira positiva de melhorar e explorar possibilidades e revelar forças que as pessoas e equipes podem não estar cientes.

Quando aplicar

Em retrospectivas, as equipes normalmente usam um exercício para refletir sobre o trabalho que realizaram, analisar o que aconteceu e por que e definir ações de melhoria para a próxima iteração. Essas ações implicam que elas mudarão sua maneira de trabalhar. Uma retrospectiva baseada em pontos fortes é uma abordagem diferente. Em vez de apresentar uma lista de ações para começar a fazer coisas novas (das quais você talvez não seja capaz de fazer), suas ações resultam em mais coisas que você já está fazendo e em que é bom.

Se sua equipe está trabalhando para melhorar sua felicidade, uma retrospectiva baseada em pontos fortes pode ser usada para identificar em que eles são bons. Muitas vezes, essas são as mesmas coisas que os fazem felizes.

Como fazer

Uma retrospectiva baseada em pontos fortes consiste em duas etapas: descobrir forças e depois definir ações que as utilizam. Ambas as etapas consistem em perguntas de retrospectivas que os membros da equipe fazem.

Descobrindo pontos fortes: pense em algo que teve sucesso nessa iteração que a equipe conseguiu realizar além das expectativas e que produziu benefícios para você, a equipe e/ou para seus clientes. Agora, faça a você e sua equipe as seguintes perguntas:

- Como fizemos isso? O que fizemos para torná-lo bem-sucedido?
- O que nos ajudou a fazer isso? Que conhecimentos ou habilidades fizeram a diferença? Quais pontos fortes que você possui tornaram isso possível?
- Como fazer parte de uma equipe ajudou a realizá-lo? O que os membros da equipe fizeram para ajudá-lo? Quais pontos fortes seu time possui?

As perguntas são baseadas em Investigação Apreciativa, uma abordagem focada em valor e energia. Essas perguntas dão visibilidade às coisas boas que aconteceram e exploram os pontos fortes subjacentes que tornaram isso possível.

Se você estiver usando as quatro perguntas principais, a pergunta "O que fizemos bem?" também pode ser usada como uma abordagem focada na solução para encontrar pontos fortes que podem ser implantados para resolver os problemas que uma equipe está enfrentando.

Definindo ações: pense em um problema que você teve na iteração passada, que provavelmente ocorrerá novamente. Por exemplo, um problema que impede você e sua equipe de oferecer benefícios para seus clientes? Agora pergunte:

- Como você pode usar seus pontos fortes individuais ou de equipe para resolver esse problema?
- O que você faria com mais frequência que ajudaria a impedir que o problema acontecesse novamente?
- Quais ações você pode executar, das quais você já é capaz?

Novamente, isso aplica uma investigação apreciativa ao prever o que pode ser feito usando os pontos fortes descobertos anteriormente e fornecendo energia aos membros da equipe para realizá-lo.

Árvore de Alto Desempenho

Uma das grandes vantagens deste exercício é a sua simplicidade. É uma ferramenta fantástica que ajuda os times em suas jornadas para se tornarem times de alto desempenho.

A árvore de alto desempenho foi criada por Lyssa Adkins. Ela explora este assunto mais a fundo em seu livro *Coaching Agile Teams: A companion for Scrum Masters, Agile Coaches and Project Managers in Transition.*

O que esperar

Este exercício ajuda o time a definir uma visão para ele mesmo. Lyssa considera a capacidade de usar metáforas uma habilidade fundamental ensinada em cursos de coaching profissional. E é exatamente o que representa a árvore de alto desempenho, uma metáfora que auxilia os times a criarem uma visão atraente. É uma forma de construir um caminho que leve os times a ter um alto desempenho. Esse exercício tem ajudado muitos times a descobrir os passos necessários para obter um alto desempenho.

Quando aplicar

O exercício pode ser utilizado de diversas maneiras e por qualquer time. Contudo, a maneira como será usado depende da maturidade do time. Precisamos descobrir o nível de maturidade do time e adaptar os exercícios para esse nível. Lyssa afirma que um time necessita de uma estrutura sólida para se tornar altamente produtivo. Quando a raiz é forte, a árvore pode florescer e gerar lindos frutos.

Conseguimos enxergar este exercício sendo aplicados principalmente de três formas:

- Em times recém-formados.
- Em times já estruturados, mas que possuem vários problemas a serem resolvidos.

- Em times que estão bem, mas que querem descobrir o próximo passo para atingir o alto desempenho.

Como fazer

Este exercício inicia com o facilitador (coach) desenhando uma árvore com os cinco valores do Scrum representando suas raízes. Esta é uma excelente oportunidade para reforçar o significado de cada um destes valores. Se o time for maduro o suficiente, pode-se substituir os valores do Scrum pelos valores do próprio time. Quando o time é novo e inexperiente, é recomendável começar usando os valores do Scrum.

Compromisso é o estado ou qualidade de dedicação a uma causa, atividade, etc. Um compromisso nunca deve ser quebrado - se ele é quebrado, não era um compromisso e sim, uma promessa vazia e uma mentira. No mundo do Scrum, isto significa que todo mundo envolvido no desenvolvimento de um produto está comprometido a trabalhar em direção a um objetivo comum.

Coragem é a habilidade de confrontar o medo, a dor, o perigo, a incerteza e a intimidação. No desenvolvimento de software, estes sentimentos irão sempre estar presentes e é responsabilidade dos membros do time tentar afastar qualquer coisa que os impeça de ser um time de sucesso.

Abertura é a habilidade de estar disponível para novas ideias, novas abordagens e novas formas de trabalho. Esta é uma habilidade fundamental para o desenvolvimento ágil de software, pois todos os dias os times irão enfrentar dificuldades e problemas que precisam ser encarados de formas distintas. Estar aberto a novas abordagens é um requisito para o sucesso.

Foco é o processo de se concentrar, de forma seletiva, em um aspecto do ambiente enquanto ignora outros. No desenvolvimento de software, isto significa que o time deve se concentrar em apenas um assunto por vez. Eles não devem iniciar novos tópicos antes de finalizar o que já está iniciado.

Respeito é um sentimento de profunda admiração por algo ou alguém, gerado por suas habilidades, qualidades ou conquistas. No Scrum, todos os membros do time interagem muito próximos uns aos outros e o respeito é algo fundamental para que essas relações funcionem.

Depois de explicar os valores do Scrum, você pode listar as características de um time de alto desempenho, tais como: empoderamento, decisões baseadas em consenso, auto-organização, desacordos construtivos, etc. Estas são algumas das características que Jean Tabaka menciona em seu livro *Collaboration Explained*.

Explique que esta combinação irá gerar times que podem conquistar qualquer coisa, produzir resultados extremamente impactantes, entregar cada vez mais valor de negócio e de forma mais rápida.

Depois disso, você pode tentar engajar o time em uma discussão sadia para descobrirem o que está faltando e o que seria necessário para que eles pudessem alcançar o próximo nível.

Times recém-formados irão aprender a se tornar um time de alto desempenho com este exercício. Times já estruturados podem revisar seus últimos resultados e analisar o que se requer para que tenham alto desempenho. Até mesmo times que já possuem um alto desempenho podem descobrir algo em que possam evoluir para se tornarem ainda melhores.

Assim como vários outros exercícios, sua aplicação terá maior impacto se todos os membros do time estiverem no mesmo local, mas isto não é obrigatório. Ele pode ser facilmente executado utilizando uma web cam, como Lyssa demonstra em um de seus vídeos no Youtube.

Mapeamento de Fluxo de Valor

O Mapeamento de Fluxo de Valor é uma técnica da manufatura Lean utilizada para analisar e mapear o fluxo de materiais e informações necessárias para entrega de um produto ou serviço ao cliente. E, ainda que ela seja associada à manufatura, também é bastante utilizada nas áreas de logística e abastecimento, desenvolvimento de produtos, indústria de serviços e processos administrativos. Na Toyota, onde a técnica foi originada, foi batizada de *"Material and information Flow Mapping"* (mapeamento de fluxo de materiais e informações). Ela pode ser aplicada a praticamente tudo o que consideramos fluxo de valor.

O que esperar

Por meio desta ferramenta, você pode visualizar como o seu processo de desenvolvimento está funcionando, permitindo ao seu time identificar várias partes do processo de desenvolvimento passíveis de melhorias. Este exercício irá te mostrar as dependências e bloqueios que o time tem. Tendo estas informações em mãos, você irá ajudar o time a decidir como e onde eles podem evoluir.

Quando aplicar

Este exercício é mais bem aproveitado com times mais maduros. Ele irá revelar como o time e o processo interagem entre si. Por conta da exposição das possíveis falhas que o processo possa ter, o time precisa estar maduro para enxergá-las como oportunidades de melhoria. Eu acredito que se o time é novo nos conceitos da agilidade, não irão entender os benefícios que este exercício pode proporcionar.

(LG) De acordo com a minha experiência, uma das coisas mais comuns que veem à tona com esta técnica, é a parte de Quality Assurrance (Garantia da Qualidade) e testes de localização. Se o time não for maduro o suficiente, não vão enxergar isto como um problema. Eu acredito que a maior parte do tempo, apenas times

ágeis de verdade entendem a importância de reduzir o arcabolço de processos de QA, introduzindo técnicas como TDD, ATDD e teste unitário. Times inexperientes não irão conseguir perceber o quão importante é ter a documentação e os testes de localização realizados dentro da iteração. Para ter mais ideias sobre como trazer os testes de localização para dentro da iteração, dê uma olhada em *"Is localization delaying your release?"*. O exercício de mapeamento de fluxo de valor irá revelar alguns problemas complexos que apenas os times mais maduros estão prontos para lidar.

Como fazer

Esta atividade não é algo para se executar apenas durante a retrospectiva. Ao invés disso, você pode coletar informações durante a iteração e, então, analisá-las durante a retrospectiva.

A maneira mais fácil de colocar esta técnica em prática é pegar uma folha de FlipChart e pregá-la na parede. Divida os espaços em intervalos iguais; cada intervalo representa um dia da iteração. Imagine um plano cartesiano e desenhe a linha que representa o eixo Y; esta linha estará na posição Y=0. Você deve ter uma folha dessas para cada história contida na iteração. O time não precisa, necessariamente, estar presente fisicamente. Você pode criar uma planilha no Excel para reproduzir o mesmo efeito e compartilhar com eles.

Durante o desenvolvimento, o time deve se concentrar em apenas uma história por vez. Se eles estão executando uma tarefa que irá trazer valor para algum cliente, cada membro deve desenhar uma nova linha acima da anteriormente desenhada no eixo Y. Se eles estiverem aguardando algo ficar pronto, impedidos ou fazendo alguma atividade que não traz valor para o cliente, desenhe uma nova linha abaixo da anteriormente desenhada no eixo Y. Veja o exemplo a seguir:

Mapeamento de Fluxo de Valor

No exemplo acima, você pode perceber que existem pessoas responsáveis pelo desenvolvimento, qualidade, documentação e testes de localização. O gráfico pode ser utilizado para analisar o que é valor e o que é desperdício.

Se este conceito for novo para você, considere apenas as tarefas essenciais para concluir a história e entregar valor ao cliente. Todas as demais serão consideradas desperdício. De acordo com o mundo dos negócios, valor para o cliente é o acúmulo de benefícios que ele irá receber ao utilizar o produto ou serviço em questão, relacionado à seu custo. Desperdício, de acordo com a descrição de Mary e Tom Poppendieck em seu livro *Lean Software Development* seria:

- Qualquer coisa que não gere valor para o cliente
- Algo que está ali "aguardando para ser utilizado"
- Fazer algo que não é imediatamente necessário
- Deslocamento
- Transporte
- Espera
- Passos desnecessário em um processo
- Defeitos

Se o time for maduro suficiente, você pode classificar todas as atividades de QA que são executadas apartadas do processo de validação do que foi desenvolvido na iteração, ou ajustes de erros como desperdício. Por exemplo, teste unitário, TDD, ATDD e qualquer outra técnica, pode ser considerada como uma atividade de QA se for executada como parte do desenvolvimento dentro da mesma iteração. Se o teste for executado apenas no fim para validar que tudo está funcionando da forma como deveria, considere-o como desperdício. Correção de erros fora da iteração pode ser considerado como desperdício também.

O time precisa criar o hábito de desenhar as linhas de valor e desperdício todos os dias, para que possam mapear todas as atividades executadas. Não esqueça de tomar nota sempre que as pessoas estiverem bloqueadas ou sem ter o que fazer; estas anotações serão importantes para discutir durante a retrospectiva. O resultado será um tanto quanto parecido com o da imagem anterior. O trabalho do facilitador é de auxiliar o time a selecionar o maior problema identificado e ajudá-los a encontrar soluções para corrigi-lo. *(LG)* Como eu disse anteriormente, já executei esta atividade várias vezes e a quantidade de informações que o time extrai deste exercício é gigantesca. Para mim, esta é uma das técnicas que mais gosto em minha "caixa de ferramentas".

Retrospectiva de Retrospectivas

Muitos projetos considerados ágeis, normalmente, possuem mais de um time trabalhando no mesmo projeto ou sistema. Cada time possui sua própria retrospectiva e a Retrospectiva de Retrospectivas pode ser utilizada para o compartilhamento das lições aprendidas entre eles.

O que esperar

A Retrospectiva de Retrospectivas (ou RoR - Retrospective of Retrospectives) ajuda a melhorar a colaboração entre os times e aumenta suas contribuições para o projeto como um todo. Esta técnica é utilizada para compartilhar as lições aprendidas ao longo do projeto e para solucionar eventuais problemas que o projeto está enfrentando.

Já que a RoR melhora a colaboração dentro do projeto, também podemos utilizá-la para lidar com riscos e aumentar a qualidade do produto. Consequentemente, ela também irá aumentar a velocidade e o fluxo de entregas de valor de forma contínua.

Projetos distribuídos também podem utilizar a RoR para melhorar a interação e o relacionamento entre os times. Em seu livro *Agile Software Development with Distributed Teams*, Jutta Eckstein descreve como você pode organizar uma retrospectiva do projeto em larga escala, seja por meio de encontros presenciais ou virtuais.

Programas de melhoria corporativa em larga escala tendem a falhar, enquanto retrospectivas já provaram a contínua melhoria dos processos no "chão de fábrica". As RoRs reforçam isso, permitindo que os times aprendam a partir das experiências de outros times. Elas também encorajam o trabalho em conjunto onde existem interseções entre os sistemas. A soma é maior que as partes individuais.

Quando aplicar

Uma RoR permite alinhar o trabalho executado em um projeto com mais de um time. Ela pode facilitar o trabalho das pessoas que trabalham entre os times tais como Product Owners, gerentes de produto e outros stakeholders. Um(a) gerente de produto, por exemplo, teria ganhos participando de uma RoR já que isto o(a) ajudaria a gerenciar seu projeto que está distribuído entre múltiplos times ágeis. A RoR ajudaria o gerente do projeto a gerenciar seus projetos através da colaboração e auto-organização dos times.

Você pode executar a RoR logo no início dos projetos. Este momento é crucial para alinhar como o projeto será organizado e como os times irão trabalhar em conjunto. Uma outra oportunidade para conduzir uma RoR seria sempre que o projeto estiver enfrentando problemas repetidos e que são gerados pela forma como os times trabalham em conjunto. Você pode encontrar a causa raiz desses problemas em uma retrospectiva e, através disso, auxiliar os times a definirem soluções efetivas para cada um deles.

Este exercício descreve como utilizar a RoR em um projeto, mas você também pode utilizá-lo em um departamento ou na organização como um todo. Sempre que tiver times que colaboram entre si, fazer uma RoR regularmente pode ajudá-lo a remover as barreiras e manter as coisas em um fluxo contínuo de melhorias e entregas.

Como fazer

Em uma RoR, membros de diferentes times se reúnem para discutir e refletir sobre os pontos levantados em suas retrospectivas e as ações que eles colocaram em prática. Juntos, eles podem tomar decisões sobre:

- Ações adicionais necessárias.
- Repriorização das ações de cada um dos times.
- Como trabalhar em conjunto para colocar essas ações em prática.
- Melhorias para as ações já definidas pelos times.

A RoR pode ser executada de diversas maneiras. Você pode definir os tópicos que serão discutidos, como se fosse uma pauta, o que tornaria mais fácil para que os participantes possam se preparar e se mantenham focados nos assuntos pré-estabelecidos. Mas, se desejar, você também pode adotar sugestões dos participantes no início da RoR, e estes tópicos seriam priorizados ali no momento entre os participantes. Você pode também fazer uso de alguma ferramenta ou tecnologia para auxiliar as pessoas a alinharem o que elas consideram importante.

Nós recomendamos a execução da RoR, também, logo após grandes entregas (entregas relevantes) do projeto. Na maioria dos casos, o ideal seria ter uma RoR a cada seis iterações, o que significa algo em torno de três em três meses. O importante é realizá-la sempre que algo de relevante estiver acontecendo, para que se possa tomar notas ao longo deste período. A RoR precisa responder a seguinte pergunta como objetivo: o que podemos fazer para que a próxima entrega seja ainda melhor?

O resultado de uma RoR impacta diretamente nos times. São os próprios membros destes diferentes times que colocarão as ações em prática. Eles quem irão adaptar sua forma de trabalho (seus processos). E é deles a responsabilidade de acompanhar tais ações.

Você pode estar se perguntando: "E a questão da confidencialidade na retrospectiva interna de cada time?" Os times possuem vários pontos que foram discutidos entre si e que são reservados ao conhecimento apenas deles mesmos. Estes pontos devem ser compartilhados em uma RoR? Normalmente não. *(BL)* A regra básica que eu aplico é "o que acontece no time, permanece no time". Isto significa que não podemos levar tais assuntos para uma RoR? Somente se conseguir trazer o assunto de forma anônima, sem magoar indivíduos ou times. Caso contrário, não, você não pode. Mas é importante ressaltar que, assim como a confiança deve existir dentro de um time, também devemos ter um nível de confiança dentro do projeto como um todo. Você deve ter liberdade de discutir algumas coisas e a tranquilidade de que estas palavras não serão encaradas de forma negativa por outros participantes.

Benefícios das Retrospectivas

As retrospectivas trazem muitos benefícios aos times ágeis. Elas os ajudam a melhorar e entregar cada vez mais valor para seus clientes. E por meio destas melhorias, o valor de negócio cresce.

Ações do time para o time

Durante a retrospectiva, você deve buscar por ações de melhoria ao alcance do time para que ele possa colocá-las em prática por conta própria. Times ágeis são auto organizados, o que significa que eles têm o poder de adaptar a forma como trabalham (seus processos). Se eles quiserem tentar novas abordagens na execução de suas atividades, é sua responsabilidade compartilhar as informações entre si, discutir o que aconteceu, aprender e decidir o que fazer.

O time define as ações que gostaria de colocar em prática na próxima iteração para superar as dificuldades que enfrentaram durante a que passou, trabalhar de forma mais eficiente e eficaz e entregar mais valor de negócio para seus clientes. Ninguém além do próprio time pode mudar a forma de trabalho de um time auto organizado!

Os Product Owners podem ser envolvidos

Se as dificuldades forem relacionadas à manutenção do backlog, execução da reunião de planejamento ou até mesmo na obtenção de informações sobre as necessidades dos usuários do produto, recomendamos que você convide o Product Owner para a retrospectiva. Os membros do time e o Product Owner podem trabalhar de forma colaborativa para explorar os problemas, definir ações para resolvê-las e aumentar a colaboração entre si.

Em alguns casos você pode convidar também alguns clientes. Por exemplo, pode ser útil envolvê-los quando tiver ocorrido algum problema durante a revisão da sprint, quando o time e o Product Owner desejarem melhorar a comunicação com eles ou quando o time quiser explorar formas de envolvê-los ainda mais durante o processo de desenvolvimento do produto.

Os times as vezes estruturam ações para mudar a forma como interagem e se comunicam com seus clientes, sejam atuais ou futuros. Mas algumas vezes também podem desejar que os clientes mudem a forma como interagem com o time, por exemplo, participando das revisões de sprint ou na forma como dão feedback sobre o produto. É de responsabilidade dos clientes mudar seus comportamentos se perceberem que isto poderia ser mais efetivo e trazer benefícios ao produto; não cabe ao time tomar esta decisão. Dizer isto a um time não o torna popular, mas é assim que a coisa funciona. Você pode influenciar pessoas, mas não pode mudá-las diretamente. Apenas as pessoas podem mudar a si mesmas!

Os membros do time podem chegar a um acordo sobre o que eles irão mudar, mas os indivíduos não podem ditar o que os outros membros devem fazer. Mudanças geram mudanças, então deixe que a ação comece dentro do time e observe como isto irá influenciar as pessoas ao redor. Tenha paciência: vai funcionar.

Sem repasses!

(BL) Quando comecei a trabalhar com retrospectivas ágeis, questionava meus colegas o porquê de termos de realizá-las. Já havíamos feito avaliações de projetos no passado, então onde as retrospectivas diferem e quais benefícios elas trariam? Uma diferença crucial é que as retrospectivas ágeis focam nos times e não na organização. Não existe repasse das ações necessárias.

Avaliações de projeto investigam o que aconteceu dentro do projeto durante sua execução e recomenda mudanças para a organização ou futuros projetos, ao invés de definirem ações para o projeto em andamento. É meio que lógico já que as avaliações normalmente acontecem ao final do projeto. Mas não há muito o que ser mudado dentro de um projeto uma vez que ele foi finalizado. Para por em andamento as ações resultantes das avaliações, o time que executou o projeto anterior deve repassar tais informações para o time que irá executar o próximo ou para alguma pessoa responsável pela aplicação das melhorias em nível organizacional.

Nas retrospectivas ágeis não existem repasses: Os membros do time irão analisar o que aconteceu, definir as ações e acompanhá-las.

As pessoas precisam comprar a ideia

Você deve se lembrar de algum momento em que ouviu sua empresa anunciar outro programa de melhoria organizacional. Ele iria direcionar as necessidades de negócio e resolver a maioria dos problemas que a empresa estava enfrentando naquele momento. Você provavelmente imaginou se estas ações iriam, de fato, ajudá-lo a resolver seus problemas e como eles pretenderiam colocá-las em prática.

Ao invés de esperar por um programa corporativo para resolver seus problemas, por que não utilizar retrospectivas ágeis para ter o controle da sua própria jornada de melhorias? Resolva os problemas que dificultam a sua vida e a vida dos seus times, aqueles que você julga como importantes para serem resolvidos. Um dos benefícios das retrospectivas ágeis é que elas te dão o poder para fazer exatamente isto!

A maioria dos programas corporativos em larga escala falham, mas não por causa das pessoas que os gerenciam. Na maioria dos casos, estes profissionais são bem capacitados e sabem gerenciar tais mudanças. Eles já garantiram o apoio da alta gestão e o patrocínio necessário para colocar o programa em prática. O que acaba faltando nestes casos é a falta de credibilidade por parte da força de trabalho das pessoas que fazem parte dos projetos e dos times.

E é aí que a retrospectiva ganha importância, já que elas são de domínio do próprio time. O time decide onde e como irão mudar sua forma de trabalho, ao invés de ter essas definições vindas de um programa de melhorias do qual não participaram. Os times ágeis colaboram com os gerentes, áreas de qualidade e processos para colocar em prática mudanças que serão duradouras e trarão valor para eles.

Os times conduzem suas próprias jornadas de melhorias

As retrospectivas empoderam os times para controlarem seu próprio destino. O time pode utilizá-las para resolver problemas que eles acreditam serem seus maiores obstáculos. Eles podem colocar as melhorias em prática de acordo com sua própria velocidade, a passos curtos ou largos, de acordo com o que considerarem ser possível para aquele momento.

Os gerentes deveriam possibilitar e encorajar os times a realizarem retrospectivas. Eles podem solicitar e esperar que os times melhorem dentro das possibilidades e barreiras da organização, e que contribuam para os objetivos corporativos, mas é tarefa do time escolher como eles gostariam de melhorar e decidir onde não melhorar (por hora). O gerente precisa respeitar as decisões de seus empregados e acreditar no profissionalismo deles, confiando a responsabilidade de gerenciar suas próprias mudanças.

Se o time precisa de profissionais que não fazem parte de sua composição, assim como seu gerente ou um departamento de suporte dentro da organização faria, é responsabilidade deles procurarem a solução. O time pode, por exemplo, explicar suas necessidades, deixar claro o que eles esperam e os motivos que fazem aquela solicitação ser importante, assim como o que eles estão solicitando irá beneficiá-los. É importante que o time verifique estas expectativas com a organização: Esta é uma requisição que o gerente ou o departamento de suporte tem condições e possibilidade de atender? É importante saber o que é factível dentro da organização e os limites do que pode ser feito para prevenir falsas expectativas.

Como Adotar Retrospectivas Ágeis

Este capítulo descreve como você pode implementar retrospectivas em sua empresa. Talvez você precise da ajuda de um Agile Coach ou consultor externo para lhe dar suporte.

Assim como o processo de implantação de qualquer outra prática ágil, adotar retrospectivas é uma mudança organizacional na qual os profissionais adaptam sua forma de trabalho e comportamentos. Sem o devido suporte, pode levar mais tempo para se obter resultados ou até mesmo falhar.

Para fornecer suporte aos times que buscam a adoção de retrospectivas em sua organização, você pode seguir os seguintes passos:

- Deixe claro o propósito da adoção das retrospectivas. Demonstre os benefícios que todos poderão obter ao utilizá-las.
- Tenha pessoas com capacidade para facilitar as retrospectivas.
- Coloque alguns modelos em prática e frequentemente avalie seus resultados.

Propósito das retrospectivas

É importante as pessoas entenderem porque elas deveriam fazer retrospectivas e que benefícios podem esperar ao incorporá-la às suas rotinas, por exemplo, o valor que podem gerar para organização e para elas mesmas (o que eu ganho com isso?).

Mas como ajudar as pessoas a entenderem os motivos para colocarem as retrospectivas em prática? Aqui vão algumas dicas:

- Discutir a necessidade de melhoria contínua e a busca de resultados utilizando o ágil.
- Deixar claro que os times têm autoridade e responsabilidade para decidir como executar seu trabalho e como melhorar seus processos.
- Comemorar situações onde houve mudanças de sucesso e que trouxeram boas recompensas.
- Enfatizar o "porquê" acima do "como"; colocar as ações em prática e gerar resultados é o que importa.

Facilitadores capacitados para as retrospectivas

Realizar retrospectivas e acompanhar o resultado das ações colocadas em prática leva tempo, então é importante que elas sejam eficazes e eficientes. Ser eficaz é ter a capacidade de decidir pequenas ações vitais de melhoria. Ser eficiente é poder implementar estas ações de forma rápida enquanto as mantém com o mínimo de esforço possível. Poder contar com facilitadores capacitados (Scrum Masters ou algum outro facilitador externo ao time) com conhecimento em várias técnicas de retrospectivas pode garantir isto.

Aqui vão algumas dicas de como fazer:

- Determine os facilitadores de retrospectiva e/ou qualifique e autorize as pessoas para atuarem como tal.
- Treine os facilitadores com os propósitos das retrospectivas, técnicas e habilidades necessárias para colocá-las em prática.
- Ensine e acompanhe os facilitadores de retrospectivas (com coaches externos ou fazendo a mentoria você mesmo)
- Compartilhe e discuta com eles sobre as experiências obtidas por meio das retrospectivas.

O livro *The Retrospective Handbook* de Patrick Kua, fornece informações práticas sobre como preparar e facilitar retrospectivas.

Colocando retrospectivas em prática e avaliando seus resultados

Assim como muitas outras práticas ágeis, você se aprofunda sobre as retrospectivas de forma eficaz apenas colocando-as em prática. Claro que você precisa se preparar para executá-las, definindo um propósito e designando facilitadores capacitados, conforme mencionado anteriormente. Após se preparar, coloque a retrospectiva em prática já na sua primeira iteração. Utilize uma técnica simples através de perguntas ou por meio do exercício barco a vela. Apenas coloque em prática, com um ou mais times.

Quando terminar, pergunte aos participantes se o encontro foi útil. Ele ajudou o time a obter uma visão compartilhada sobre como as coisas estão indo? As ações resultantes do exercício fazem sentido? Um encontro para que o time reflita sobre suas ações faz bem a ele? Estas questões e as respostas que obtiver dos participantes irão auxiliá-lo a manter as retrospectivas eficientes e eficazes.

Começando com retrospectivas

(BL) Comecei a colocar as retrospectivas em prática em segredo. Não utilizei o termo retrospectiva, mas as chamei de avaliações. Minha razão para começar a utilizar retrospectivas foi a de ajudar meus projetos com avaliações e ações de melhoria de forma contínua, além de extrair os benefícios durante a execução do projeto sem ter que forçar as mudanças a ninguém.

Tornar-se ágil é um trabalho difícil e você provavelmente terá que lidar com resistência às mudanças. Uma vez que você se torna mais ágil, as coisas irão acontecer de forma mais fácil. Quando você consegue desenvolver uma cultura e comportamento ágil, tudo começa a se encaixar e as decisões sobre o que fazer ou não fazer surgem de forma mais natural. Refletir frequentemente sobre a sua jornada ágil lhe ajuda a se manter ágil.

Independentemente do que escolher para adotar retrospectivas em sua organização, garanta que elas continuem sendo executadas. Mesmo que tudo pareça funcionar corretamente, sempre temos algo a melhorar!

Um Livro Sobre Retrospectivas na sua Língua

Este livro está sendo traduzido para vários idiomas com equipes de voluntários em diferentes países. Muitos tradutores, revisores e editores estão nos ajudando a realizar nosso sonho: ajudar equipes de todo o mundo a fazer retrospectivas ágeis valiosas!

Por que trabalhamos com voluntários na tradução de nosso livro? Porque nós podemos! As pessoas começaram a nos perguntar se poderiam ajudar na tradução (assim como as pessoas que se ofereceram para revisar a versão em inglês). Quando buscamos ajuda, as pessoas sempre nos respondem que adorariam contribuir. Perguntamos se elas conhecem outras pessoas em sua rede de contatos que também teriam interesse e eles os convidam para ingressar na equipe. Funciona!

Traduzir para nós é outra maneira de compartilhar conhecimento e experiência com retrospectivas ágeis. Nossas equipes de voluntários consistem em pessoas altamente motivadas. Eles querem, cada vez mais, saber sobre retrospectivas e essa é uma maneira de aprender sobre os exercícios e utilizá-los em seu trabalho diário. Como autores, nós oferecemos suporte explicando os exercícios, respondendo à perguntas e compartilhando nosso conhecimento e experiência. Se você quiser trabalhar conosco de maneira semelhante, não hesite em entrar em contato conosco através de luis.goncalves@oikosofy.com ou BenLinders@gmail.com.

Getting Value out of Agile Retrospectives está disponível em vários idiomas. Para obter uma lista atualizada das edições em idiomas disponíveis, visite a edição em inglês no Leanpub.

Para se manter atualizado, você pode se inscrever nos livros que estão sendo traduzidos no Leanpub e se tornar um dos primeiros leitores sobre retrospectivas ágeis em seu próprio idioma!

Desenvolva suas Habilidades de Facilitação de Retrospectivas Ágeis

Para obter valor por meio da realização de retrospectivas ágeis, elas precisam ser feitas da forma correta, por facilitadores qualificados, capazes de selecionar exercícios adequados, projetar, planejar e liderar a reunião de retrospectiva e acompanhar as ações resultantes de sua execução.

Os autores Luis Gonçalves e Ben Linders oferecem workshops para desenvolver as habilidades que o ajudarão a projetar e facilitar retrospectivas eficazes.

Workshop de Retrospectivas Ágeis por Oikosofy - Luis Gonçalves

O workshop de Retrospectivas Ágeis é um workshop de um dia feito por líderes, para equipes, gerentes de projeto, scrum masters e qualquer pessoa envolvida na execução de uma retrospectiva. O workshop de Retrospectivas Ágeis ajuda você e suas equipes a conduzirem retrospectivas de maneira eficaz e eficiente para que possam refletir sobre suas maneiras de trabalhar e aprimorá-las continuamente!

Para obter mais informações, consulte a descrição do workshop no site da Oikosofy.

Workshop de Retrospectivas Ágeis Valiosas por Ben Linders

No workshop de Retrospectivas Ágeis Valiosas, você aprenderá como adotar e aplicar retrospectivas em sua própria organização e como fornecer aos facilitadores de retrospectivas uma caixa de ferramentas com exercícios que lhes permita fazer retrospectivas ágeis valiosas com os times, as quais irão contribuir com os objetivos e resultados de sua organização!

Para mais informações, consulte a descrição do workshop em Ben Linders - Sharing my Experience.

Retrospectivas Ágeis Valiosas

Antes de tudo, queremos agradecer a você por ler nosso livro. Se você chegou a esse ponto, significa que sobreviveu à experiência de lê-lo :). Esperamos que tenha sido uma boa experiência e que você tenha adquirido muitas ideias novas para aplicar em suas próximas retrospectivas.

Este livro é o começo de uma jornada. Estamos desenvolvendo um pequeno ecossistema em torno dele para lançar no futuro mais exercícios, instruções, conselhos sobre retrospectivas e muitas outras coisas. Se você deseja manter-se atualizado, a melhor maneira é se inscrever em nossa mala direta *Valuable Agile Retrospectives* - URL: eepurl.com/Mem7H.

Estamos oferecendo meio ano de nosso trabalho à comunidade para ajudar as equipes a melhorar em todo o mundo. Em troca, pedimos que você nos ajude a espalhar a notícia: encaminhe este livro a seus colegas, amigos, organizações de P&D ou qualquer pessoa que possa se beneficiar dele. Ou compre uma cópia impressa dele na Amazon ou em Lulu. Se você quiser tuitar sobre isso, use #RetroValue para divulgar.

Estamos sempre em busca de feedback. Sinta-se inspirado a escrever uma avaliação no Goodreads ou entre em contato conosco via luis.goncalves@oikosofy.com ou BenLinders@gmail.com. Vamos adorar ouvir você.

Você pode ler nossos blogs: lmsgoncalves.com e www.benlinders.com. Se você estiver ocupado demais para visitar blogs, podemos enviar um e-mail quando tivermos novidades para você. Inscreva-se em nossas malas diretas: do Luis em (eepurl.com/JOTXL) e do Ben em (www.benlinders.com/subscribe/)

Agora é hora de nos despedirmos e desejar a vocês tudo de melhor.

Sinceramente, Luis e Ben

Bibliografia

Nossos Blogs

Welcome to the World of Luis Gonçalves - lmsgoncalves.com

Ben Linders - Sharing my Experience - www.benlinders.com

Livros

Lyssa Adkins. *Coaching Agile Teams: A Companion for ScrumMasters, Agile Coaches, and Project Managers in Transition.* Addison-Wesley, 2010.

Rachel Davies and Liz Sedley. *Agile Coaching.* The Pragmatic Programmers, LLC, 2009.

Esther Derby and Diana Larsen. *Agile Retrospectives: Making Good Teams Great.* The Pragmatic Programmers, LLC, 2006.

Jutta Eckstein. *Agile Software Development with Distributed Teams.* Dorset House, 2010.

Norman Kerth. *Project Retrospectives: A Handbook for Team Reviews.* Dorset House, 2001.

Henrik Kniberg. *Scrum and XP from the Trenches.* InfoQ, 2007.

Patrick Kua. *The Retrospective Handbook: A guide for agile teams.* Leanpub, 2013.

Dean Leffingwell. *Scaling Software Agility: Best Practices for Large Enterprises.* Addison-Wesley, 2007.

Mary Poppendieck and Tom Poppendieck. *Lean Software Development: An Agile Toolkit.* Addison-Wesley, 2003.

Mike Rother. *Toyota Kata.* McGraw-Hill, 2009.

Jean Tabaka. *Collaboration Explained: Facilitation Skills for Software Project Leaders.* Addison-Wesley, 2006.

Links

Manifesto para Desenvolvimento Ágil de Software - agilemanifesto.org

retrospectives.eu

retrospectives.com

retrospectivewiki.org

www.ingramcontent.com/pod-product-compliance
Lightning Source LLC
Chambersburg PA
CBHW020744160726
47993CB00006B/2605